Anna Barbierato

AF566378

Italienisch üben

Lesen & Schreiben A2

Hueber Verlag

Der Verlag weist ausdrücklich darauf hin, dass im Text
enthaltene externe Links vom Verlag nur bis zum Zeitpunkt
der Buchveröffentlichung eingesehen werden konnten.
Auf spätere Veränderungen hat der Verlag keinerlei Einfluss.
Eine Haftung des Verlags ist daher ausgeschlossen.

Das Werk und seine Teile sind urheberrechtlich geschützt. Jede
Verwertung in anderen als den gesetzlich zugelassenen Fällen
bedarf deshalb der vorherigen schriftlichen Einwilligung des Verlags.

Eingetragene Warenzeichen oder Marken sind Eigentum des
jeweiligen Zeichen- bzw. Markeninhabers, auch dann, wenn diese
nicht gekennzeichnet sind. Es ist jedoch zu beachten, dass weder
das Vorhandensein noch das Fehlen derartiger Kennzeichnungen die
Rechtslage hinsichtlich dieser gewerblichen Schutzrechte berührt.

3. 2. 1. | Die letzten Ziffern
2025 24 23 22 21 | bezeichnen Zahl und Jahr des Druckes.
Alle Drucke dieser Auflage können, da unverändert,
nebeneinander benutzt werden.
1. Auflage
© 2021 Hueber Verlag GmbH & Co. KG, München, Deutschland
Umschlaggestaltung: Sieveking · Agentur für Kommunikation, München
Layout und Satz: Sieveking · Agentur für Kommunikation, München
Verlagsredaktion: Stephanie Pfeiffer, Hueber Verlag, und Valerio Vial, München
Druck und Bindung: Friedrich Pustet GmbH & Co. KG, Regensburg
Printed in Germany
ISBN 978-3-19-267909-4

Art. 530_27123_001_01

Inhaltsverzeichnis

Vorwort

Liebe Lernerinnen, liebe Lerner,

Italienisch üben Lesen & Schreiben A2 ist ein Übungsbuch für Anfänger mit Vorkenntnissen auf Niveau A2 zum selbstständigen Üben und Wiederholen. Es eignet sich auch für den unterrichtsbegleitenden Einsatz, zur Überbrückung von Kurspausen oder zur Vorbereitung auf Prüfungen der Niveaustufe A2 des *Gemeinsamen Europäischen Referenzrahmens*.

Italienisch üben Lesen & Schreiben A2 orientiert sich an den gängigen A2-Lehrwerken für den Kursunterricht und trainiert die Fertigkeiten Lesen und Schreiben auf diesem Niveau. Die abwechslungsreichen Übungen behandeln alle für die Bewältigung der schriftlichen Alltagskommunikation wichtigen Themen und den entsprechenden Wortschatz. Authentische Textsorten wie E-Mail, Formular oder Chat unterstützen dabei das Leseverstehen und geben Ihnen mehr Sicherheit im schriftlichen Ausdruck.

Die Lösungen zu allen Übungen finden Sie im Anhang. Zu den Übungen, in denen Sie selbst einen Text schreiben sollen, geben wir jeweils eine mögliche Lösung an.

Und nun wünschen wir Ihnen viel Spaß und viel Erfolg!

Autorin und Verlag

A Che programmi hai?

A1 Ho imparato veramente molto

1a Felix hat in Italien einen Italienischkurs besucht und berichtet einem italienischen Freund darüber. Welche der folgenden Betreffzeilen passt am besten zu seiner E-Mail? Ergänzen Sie.

Domani a casa, corso ok • Molto bello, ma che fatica!! • Corso buono, organizzazione così così

Oggetto:

Ciao Giovanni,

ho finito oggi il corso intensivo d'italiano. Finalmente! È stato interessante, però devo dire una cosa: il sito web della scuola promette molto, ma poi la situazione lì è un po' diversa. Faccio un esempio: la scuola ha organizzato bene il numero delle ore di corso, gli orari e i materiali,

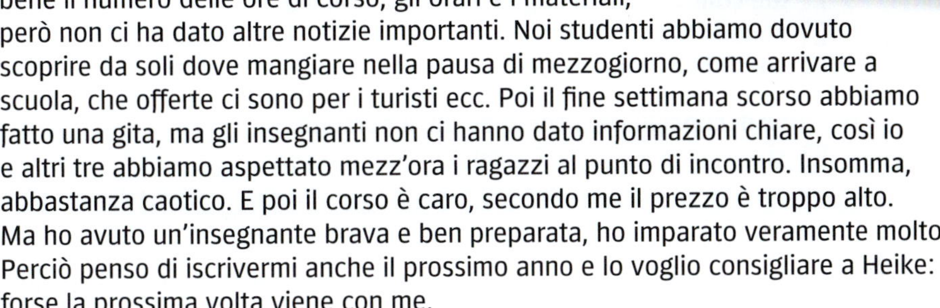

però non ci ha dato altre notizie importanti. Noi studenti abbiamo dovuto scoprire da soli dove mangiare nella pausa di mezzogiorno, come arrivare a scuola, che offerte ci sono per i turisti ecc. Poi il fine settimana scorso abbiamo fatto una gita, ma gli insegnanti non ci hanno dato informazioni chiare, così io e altri tre abbiamo aspettato mezz'ora i ragazzi al punto di incontro. Insomma, abbastanza caotico. E poi il corso è caro, secondo me il prezzo è troppo alto. Ma ho avuto un'insegnante brava e ben preparata, ho imparato veramente molto. Perciò penso di iscrivermi anche il prossimo anno e lo voglio consigliare a Heike: forse la prossima volta viene con me.

Ciao, a presto

Felix

1b Lesen Sie die E-Mail noch einmal und entscheiden Sie, ob die folgenden Aussagen richtig (*vero*) oder falsch (*falso*) sind.

	vero	falso
1. Secondo Felix la scuola non ha dato agli studenti le informazioni necessarie.	☐	☐
2. L'insegnante ha consigliato agli studenti alcuni ristoranti.	☐	☐
3. Alcuni ragazzi hanno aspettato Felix e altri al punto d'incontro per la gita.	☐	☐
4. Secondo Felix il prezzo del corso non è giusto.	☐	☐
5. Felix ha migliorato un po' le sue conoscenze d'italiano.	☐	☐

1c **Die Sprachschule hat Felix um ein Online-Feedback gebeten. Füllen Sie das Formular mithilfe der Informationen aus der E-Mail auf Seite 7 für Felix aus.**

SCUOLA DI LINGUE «AMELIA»

Corsi per tutti i livelli – Insegnanti madrelingua qualificati

1 Come hai conosciuto la scuola?

- ☐ Sito web
- ☐ Facebook / Instagram
- ☐ Giornale o rivista
- ☐ Amici / Conoscenti
- ☐ Pubblicità
- ☐ Altro

2 L'organizzazione

- ☐ è perfetta così.
- ☐ si può ancora migliorare.

3 Secondo te le ore di corso

- ☐ sono giuste così.
- ☐ sono troppe.
- ☐ sono troppo poche.

4 Secondo te il prezzo del corso

- ☐ è giusto.
- ☐ è alto.
- ☐ è basso.

5 Le tue conoscenze di lingua e cultura italiana

- ☐ sono molto migliorate.
- ☐ sono migliorate.
- ☐ sono rimaste quasi uguali.

6 Pensi di consigliare il corso ad altre persone:

- ☐ sì
- ☐ no

1d **Esther hat denselben Kurs wie Felix besucht. Lesen Sie ihre Rezension auf der Website des Anbieters für Sprachreisen und schreiben Sie auf Seite 9 die Unterschiede zur Meinung von Felix auf Seite 7.**

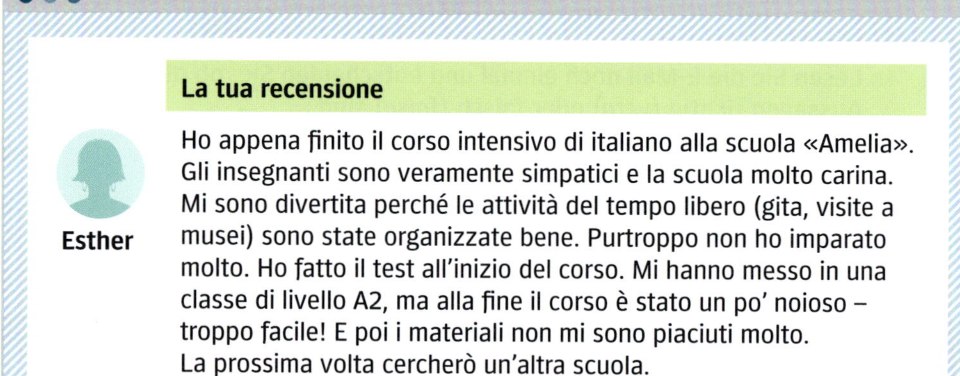

La tua recensione

Esther

Ho appena finito il corso intensivo di italiano alla scuola «Amelia». Gli insegnanti sono veramente simpatici e la scuola molto carina. Mi sono divertita perché le attività del tempo libero (gita, visite a musei) sono state organizzate bene. Purtroppo non ho imparato molto. Ho fatto il test all'inizio del corso. Mi hanno messo in una classe di livello A2, ma alla fine il corso è stato un po' noioso – troppo facile! E poi i materiali non mi sono piaciuti molto. La prossima volta cercherò un'altra scuola.

Felix	Esther
	attività del tempo libero organizzate bene
ho imparato veramente molto	

1e Auch Felix soll den Kurs rezensieren. Helfen Sie ihm, mithilfe seiner E-Mail (Seite 7) und der Ergebnisse aus dem Vergleich oben die Rezension zu verfassen.

Passato prossimo von **piacere**:
Il corso mi **è** piaciut**o**. /
La gita non mi **è** piaciut**a**.
I musei mi **sono** piaciut**i**. /
Le attività mi **sono** piaciut**e**.

La tua recensione

Scuola / Corso: *Ho appena finito*

Valutazione globale:

Mi è piaciuto molto:

Non mi è piaciuto molto:

Penso di iscrivermi di nuovo a un corso:

A2 Ho letto il Vostro dépliant...

2a Esther informiert sich bei einer anderen Sprachschule über deren Kurse. Lesen Sie den Prospekt und sehen Sie sich die Fotos an. Welche Informationen aus dem Text beziehen sich auf die Fotos? Folgen Sie dem Beispiel und ergänzen Sie.

SCUOLA INTERNAZIONALE DI LINGUE «Alla Fontana»

A

In caso di interesse,
contattare
____
____

La scuola è situata in una località incantevole, nel cuore della campagna toscana e vicina alle famose Terme di Saturnia. Nel tempo libero i nostri studenti possono fare lunghe camminate, escursioni in bici o a cavallo o visitare siti di interesse storico e archeologico.

Offriamo corsi individuali e di gruppo (al massimo 8 studenti). Gli insegnanti sono tutti madrelingua e hanno molti anni di esperienza. I nostri studenti lavorano in piccoli gruppi o individualmente, sempre con l'aiuto e il controllo dell'insegnante. Le lezioni si svolgono alla mattina; si organizzano attività per il tempo libero nei pomeriggi (la partecipazione è libera). Possibilità di prepararsi agli esami di lingua italiana.

B

____
____
____
____

C

____
____
____
____

D

____
____
____
____

La scuola offre ai suoi studenti la possibilità di alloggiare e pernottare presso B&B convenzionati a prezzo scontato. In caso di interesse, contattare la segreteria.

2b Esther hat noch Fragen und daher eine E-Mail an die Schule geschrieben. Lesen Sie die Antworten, die sie erhalten hat, und rekonstruieren Sie ihre Fragen.

Buongiorno Esther,

la ringraziamo per la Sua e-mail.

La nostra scuola è in posizione centrale e è lontana 10 minuti a piedi dalla stazione.

All'arrivo i nostri studenti fanno un breve test scritto e parlano con un insegnante. Così possiamo individuare il livello, capire gli interessi degli studenti e trovare il corso adatto.

Naturalmente c'è sempre la possibilità di cambiare il corso, se questo risulta troppo facile o troppo difficile.

Come ha visto dal nostro dépliant, i corsi sono solo la mattina; tre pomeriggi alla settimana sono riservati a visite ed escursioni.

Le mando una lista dei B&B che affittano camere ai nostri studenti con uno sconto del 10%.

Siamo disponibili in ogni momento per domande e chiarimenti!

Cordiali saluti,

Francesca Pellegrino

Scuola di lingue *Alla Fontana*

Buongiorno,
ho letto il Vostro dépliant e vorrei avere ancora delle informazioni:

1. *La scuola è in posizione centrale?* ___
2. ___
3. ___
4. ___
5. ___

___

Grazie e cordiali saluti,
Esther Müller

2c Sie möchten einen A2-Kurs bei „Alla Fontana“ (Seite 10) machen, haben aber noch ein paar Fragen. Hier ist Ihr Notizzettel. Schreiben Sie eine kurze E-Mail und vergessen Sie Einleitung und Grußformeln nicht.

- *Kursdauer?*
- *Anmeldung bis wann möglich?*
- *Im Unterricht: viel Grammatik oder auch Spiele und Wiederholungen?*
- *Interesse an Geschichte: Gibt es Spezialkurse?*

mi interessa + Substantiv im Singular:
Mi interessa la storia.
mi interessano + Substantiv im Plural:
Mi interessano le escursioni in montagna.

A3 Come passi il tempo libero?

3a Sie planen gerade Ihren Urlaub und sehen online eine interessante Werbung. Leider sind die Fotos durcheinandergeraten. Ordnen Sie jedem Text auf Seite 13 das passende Foto zu.

☐ **Friuli sconosciuto**

Cinque giorni lontani dal caos delle città, fra colline e montagne, scopriremo paesi incantevoli e poco conosciuti. Visiteremo una cantina di vini con degustazione di vini tipici del Collio.

☐ **Napoli artistica**

Tre giorni per scoprire i musei di Napoli e gli angoli caratteristici di questa città splendida. Ogni sera degustazione di specialità della zona e concerto di musica tradizionale.

☐ **In Barbagia, nel cuore della Sardegna**

Sei giorni a piedi per scoprire la natura della regione e i suoi tesori naturali, le piante e la fauna tipica, i resti archeologici e la loro storia. Pernottamento con colazione e cena in B&B.

3b Ihre Freundin Ida hat an einer Umfrage zum Thema „Freizeit und Urlaub" teilgenommen. Lesen Sie ihre Antworten und überlegen Sie, welches der Ziele aus Übung 3a am besten zu ihr passt und warum.

Come passi il tempo libero?	
1 Se in estate ho un paio di giorni di ferie ☒ mi piace passare il tempo all'aperto, al mare o in montagna. ☐ vado a feste ed eventi, perché mi piacciono le tradizioni locali e le feste. ☐ preferisco riposarmi a casa, perché lo trovo più rilassante.	**2** Per me in vacanza è importante ☐ conoscere posti e gente nuovi. ☒ trovare relax e tranquillità. ☐ andare in posti che ho già visitato, rivedere persone e luoghi conosciuti.
3 Musei e mostre ☐ mi interessano molto. Qualche volta organizzo un breve tour vicino a casa. ☐ non mi interessano molto e li trovo un po' noiosi. ☒ mi piacciono solo se non ci sono molte persone.	**4** Se mi regalano un corso, scelgo... ☐ un corso di giardinaggio perché mi interessano le piante e la natura. ☐ un corso di pittura perché mi interessa l'arte. ☒ un corso di degustazione perché mi piacciono i vini e i cibi italiani.

3c Lesen Sie die Umfrage aus Übung 3b noch einmal. Wie werden dort Interessen und Vorlieben ausgedrückt?

Interessen: ______________________________

Vorlieben: ______________________________

3d Hätten Sie den Fragebogen wie Ida beantwortet? Schreiben Sie mithilfe der Übungen 3b und 3c einen kurzen Text, in dem Sie erzählen, was Sie mögen bzw. wofür Sie sich in Ihrer Freizeit und im Urlaub interessieren. Hier unten finden Sie noch ein paar Ideen und ein paar Satzbeispiele.

disegnare • suonare uno strumento musicale • fare una visita guidata • collezionare • cucinare / provare piatti nuovi • imparare una lingua straniera • lavorare la ceramica

Nel tempo libero mi piace…
Suono il flauto e… ma non mi interessa…
Invece quando sono in vacanza preferisco…
Ho un cane e mi piacciono…

A4 Troveremo un momento...

4a Die Nachrichten zwischen Franca und Heike sind durcheinandergeraten. Bringen Sie sie wieder in die richtige Reihenfolge.

Ok, ma dopo le 18:00. Oggi dovremo presentare un progetto importante e finiremo più tardi. ☐

☐ Ciao Heike, che bello, finalmente verrai qui!! Ci vedremo sicuramente. Ancona e i dintorni ti piaceranno molto. Fino a quando resterai qui?

Fino al 15. ☐

☐ Perfetto! 🙂 Sono molto contenta. Ti chiamerò con calma questo pomeriggio, ora sto correndo in lavanderia perché ho dimenticato lì l'impermeabile.

Ciao Franca, come va? Sto facendo piani per le vacanze. In settembre frequenterò un corso di lingua ad Ancona, così finalmente vedrò la tua città e la regione. So che in settembre tutte e due non avremo molto tempo, ma forse troveremo un momento per incontrarci! *1*

4b Lesen Sie den Chat noch einmal und ergänzen Sie die Tabelle. Was wird Heike tun? Und Franca?

	In settembre	Oggi
Heike	*frequenterà un corso di lingua ad Ancona*	
Franca		

4c **Hier ist der Terminkalender von Franca. Was wird sie heute noch machen? Schreiben Sie einen kurzen Text.**

15:00 – 17:00	*comprare zaino per Paolo* *fissare appuntamento dentista*
17:00 – 19:00	*parrucchiere (17:15)* *telefonare a Heike (dopo le 18:00!)*
19:00 – 21:00	*cena con i colleghi (19:30 Ristorante «Al Gambero»)*

Fra le 15:00 e le 17:00 Franca comprerà ____________________

4d **Und was werden die zwei Freundinnen in Ancona machen? Lassen Sie sich von den Bildern inspirieren.**

1. Arco di Traiano

Ad Ancona Heike e Franca ____________________

2. tipiche olive ascolane

3. «Caffè del Porto»

4. Parco del Conero (spiaggia)

B L'offerta è grande

B1 La giacca è troppo stretta

1a In diesem Schaufenster fehlen noch die Schilder. Was gehört zusammen? Ordnen Sie zu.

1. pantaloni tinta unita rosa **€ 37,00**
2. vestito nero corto, puro lino **€ 39,99**
3. gonna bianca di cotone **€ 25,00**
4. giacca beige di pelle (solo taglie piccole) **€ 125,00**
5. pantaloni larghi, lino e cotone **€ 35,00**
6. camicetta nera di pura seta **€ 28,90**
7. camicetta a fiori **€ 22,90**
8. completo (camicia e pantaloni) a fiori, sintetico / cotone **€ 98,99**
9. maglietta bianca, puro cotone **€ 16,50**

1b **Anna hat ihrer Mitbewohnerin Irene eine Nachricht geschrieben, aber deren Antwort aus Versehen zerrissen. Können Sie den Text rekonstruieren?**

1c **Anna ist am Ende doch in ein Geschäft gegangen, um etwas Passendes zu finden. Sie hat Irene das Foto rechts geschickt. Lesen Sie den dazugehörigen Chat und fassen Sie zusammen: Welche Probleme hat Anna? Was soll sie laut Irene tun?**

Non è un po' troppo stretta? E non mi piace tanto il colore. Perché non provi una taglia più grande? Ma in un altro colore e con le tasche.

La taglia più grande non c'è! ☹ Hanno altre giacche, ma con dei bottoni grandi che non mi piacciono. Hanno anche una giacca blu, ma è meno bella.

La dovresti provare! E poi mi potresti mandare la foto. Di che materiale è?

Adesso guardo...

Komparativ: più / meno + Adjektiv
una taglia **più grande**
una giacca **meno bella**

I problemi di Anna:

Non sa se va bene

Secondo Irene Anna dovrebbe / potrebbe...

provare una taglia

1d Lesen Sie noch einmal den Chat aus Übung 1c. Wie formuliert Irene ihre Bemerkungen und Tipps?

Non è un

1e Jetzt ist Ihre Mode-Beratung gefragt. Chatten Sie mit Anna und geben Sie ihr mithilfe der Ausdrücke aus den Übungen 1c und 1d ein paar Tipps.

Ti piace questa gonna?

Nicht sehr. Ihnen gefällt die Farbe nicht sehr, sie ist zu dunkel. Sie finden auch, dass der Rock zu weit für Anna ist, und fragen nach der Größe.

Non molto. Non mi piace tanto il colore ____________________

____

È una 44.

Sie fragen, ob es eine Größe kleiner gibt. Sie schlagen Anna vor, nach einem helleren und engeren Rock zu suchen.

____

____

C'è una gonna in vetrina così.

Sie fragen nach dem Material.

____

Cotone, credo... Devo chiedere alla commessa.

Sie schlagen Anna vor, den Rock anzuprobieren. Dann könnte sie Ihnen noch ein Foto schicken.

____

____

B2 Ti ricordi quel vestito?

2a Sie haben die Website auf Seite 21 oben entdeckt und sind neugierig geworden. Welche der folgenden Aussagen zur Website sind korrekt?

- ☐ In questa pagina web si scambiano vestiti usati.
- ☐ Il vestito è ancora come nuovo.
- ☐ In questa pagina web si trovano solo vestiti.
- ☐ Per iscriversi si deve pagare.
- ☐ In questa pagina web non si usano i soldi.

Ti ricordi quel vestito? Lo hai indossato tre anni fa al compleanno della tua amica. Da quella sera è rimasto in un angolo del tuo armadio e non l'hai più messo. Ma è ancora perfetto.

Perché non dare una nuova vita e una nuova storia ai tuoi vestiti e accessori?

Entra nella nostra community! Qui puoi scambiare vestiti e accessori che non usi con quelli di altre persone.

È facile e gratuito: ti devi solo iscrivere e seguire le istruzioni. Poi puoi mettere online i capi (con foto e descrizione) che vuoi scambiare.

Ogni articolo riceverà dei punti. Li puoi usare per "comprare" vestiti e accessori dello stesso valore, cioè con un numero di punti uguale.

Cosa aspetti? È pratico, economico e... divertente!

2b Sie wollen auf der Tauschbörse aus Übung 2a einen Regenmantel anbieten, weil die Farben zu „kalt" für Sie sind. Beschreiben Sie den Regenmantel mithilfe der Stichpunkte und schreiben Sie auch, warum Sie ihn eintauschen möchten.

per la mezza stagione / per la primavera • taglia 44 / cotone + materiale sintetico • qualità! 🙂 • usato solo una volta (festa) • scambio perché: colori troppo freddi + non adatti • cerco: impermeabile / giacca, colori: marrone o rosso (se possibile)

Offro un impermeabile ______________________

____

____

____

____

____

____

____

____

B3 Scambio vecchia lavastoviglie

3a Sehen Sie sich Sabines Ferienwohnung an. Was befindet sich wo? Ordnen Sie die Gegenstände und Möbel dem passenden Raum in der Tabelle zu.

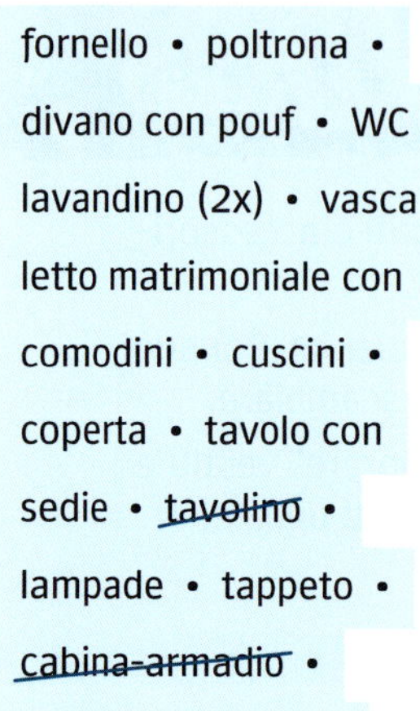

fornello • poltrona • divano con pouf • WC • lavandino (2x) • vasca • letto matrimoniale con comodini • cuscini • coperta • tavolo con sedie • ~~tavolino~~ • lampade • tappeto • ~~cabina-armadio~~ • scaffali • specchio

soggiorno	cucina	bagno	camera da letto
tavolino			*cabina-armadio*

3b Sabine will ihre Ferienwohnung auch an italienische Touristen vermieten und muss dafür eine Beschreibung für eine Webseite verfassen. Helfen Sie ihr!

In soggiorno, fra le due finestre, ci sono un divano con due pouf e

3c Welches Foto passt zu welcher Werbung? Schreiben Sie die Bildnummern neben die Werbetexte.

1 2 3

A ☐

Scambiamo la tua **lavastoviglie** usata con una nuova al prezzo scontato di €419,00 (sconto del 25%).

vai su: **offerte-cucina.it**

B ☐

Devi comprare gli elettrodomestici della cucina?

Con il fornello e il forno, c'è un regalo per te! Puoi scegliere una pentola o una padella della nuova collezione.

vai su: **tutto-per-la-cucina.it**

C ☐

Pensi di acquistare un frigorifero con il freezer?

Se lo compri da noi, hai uno sconto del 10% sull'acquisto del prossimo elettrodomestico.

vai su: **non-solo-frigo.it**

3d Sabine will für ihre Ferienwohnung ein paar neue Elektrogeräte kaufen und macht sich einen Überblick über die aktuellen Angebote. Vervollständigen Sie ihre Notizzettel mithilfe der Werbetexte aus Übung 3c.

Offerta A

Se scambio la vecchia lavastoviglie con una nuova, la lavastoviglie costa solo € 419.

Offerta B

____
____
____
____

Offerta C

____
____
____
____

3e Sabines Nachbar Paolo hat ein Problem. Lesen Sie seine Nachricht. Was kann Sabine ihm antworten?

Ciao, un messaggio velocissimo perché non ho tempo. Ieri il frigorifero si è rotto – puoi immaginare i problemi con questo caldo... Ho guardato in Internet ma i prezzi sono alti, hai qualche consiglio?

Ciao Paolo, proprio stamattina ho visto ______________________

____

____

B4 I gusti oggi sono diversi

4a Lesen Sie den Zeitungsartikel über aktuelle Wohntendenzen in Italien und suchen Sie rechts für die Lücken den jeweils passenden Textausschnitt.

Un tempo cucinare non

1.

amatissimo e negli ultimi tempi gli acquisti di forni, pentole e piccoli elettrodomestici da cucina sono molto aumentati. Anche il

2.

si lavorava soprattutto fuori casa. Oggi invece sempre più italiani possono – o devono – lavorare da casa. Dedicare un angolo – anche piccolo –

3.

poltrona per i momenti di relax sono in questo momento gli oggetti più comprati online: qui l'offerta è grande e i prezzi sono migliori.

4.

colori chiari e luminosi. Adesso invece si preferiscono colori

5.

angolo con una piccola scrivania e un paio di scaffali per lavorare in tranquillità. In bagno lavandini e

6.

- [ ] meno chiari e più vivaci. E la camera da letto può anche ospitare un
- [ ] mondo del lavoro è cambiato. Un tempo
- [1] era un hobby. Oggi però tanti uomini e donne scelgono la cucina per rilassarsi. Cucinare è diventato un hobby
- [ ] Anche i gusti per la camera da letto e per il bagno oggi sono diversi. Fino a pochi anni fa si sceglievano
- [ ] docce hanno forme semplici e chiare e sono sempre più tecnologici.
- [ ] dell'appartamento al lavoro diventa quindi una necessità. Scrivania, sedia, computer e, se c'è lo spazio, anche una comoda

4b Lesen Sie den Zeitungsartikel noch einmal und beantworten Sie die Fragen.

1. Perché negli ultimi tempi sono aumentati gli acquisti di forni, pentole e piccoli elettrodomestici da cucina?

2. Che cosa è cambiato nel mondo del lavoro?

3. Quali sono le novità per camere da letto e bagni?

4c In den 50er Jahren war das Leben ganz anders! Schreiben Sie mithilfe der Tabelle einen kurzen Bericht: damals und heute.

Negli anni '50	Oggi invece
lavoro: solo in ufficio, in fabbrica...	sempre più lavoro da casa
molte donne a casa con la famiglia	molte più donne al lavoro
più figli	meno bambini
cellulare e computer: Ø	comunicazione attraverso Internet.

Negli anni '50 si lavorava solo in ufficio, in fabbrica... e non si lavorava da casa. Oggi invece si lavora sempre più anche da casa. Molte donne restavano

Prima *(= molto tempo fa, negli anni..., nel 19..., quando ero piccolo/a)* + Imperfetto
Oggi invece + Präsens

C Dove andiamo?

C1 Il viaggio mi interessa molto

1a **Sie haben Interesse an der folgenden Reise und machen sich ein paar Notizen. Vervollständigen Sie den Notizzettel auf Seite 27 mit den fehlenden Informationen aus dem Text.**

In viaggio fra la Basilicata e la Puglia

Cinque giorni fra la Basilicata e la Puglia per scoprire insieme Matera, Altamura e Bari. Inizieremo il nostro viaggio lunedì 8 luglio da Matera (punto di partenza: Via Volta 5, ore 9:00). Per due giorni visiteremo questa città con i suoi famosissimi Sassi, patrimonio dell'UNESCO dal '93.

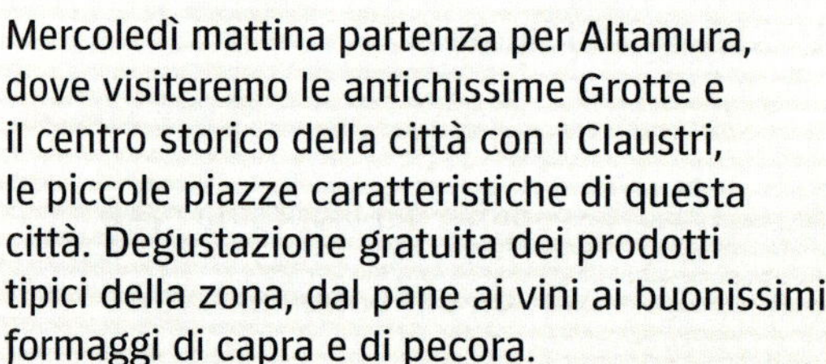

Mercoledì mattina partenza per Altamura, dove visiteremo le antichissime Grotte e il centro storico della città con i Claustri, le piccole piazze caratteristiche di questa città. Degustazione gratuita dei prodotti tipici della zona, dal pane ai vini ai buonissimi formaggi di capra e di pecora.

Continueremo il nostro viaggio a Bari (arrivo previsto: giovedì ore 17:30), per visitare la Basilica di San Nicola. Venerdì mattina visita alla Cattedrale di San Sabino e al Castello. Venerdì pomeriggio libero, per scoprire con calma la magia di "Bari vecchia", il suggestivo centro storico della città. Ritorno a Matera venerdì sera in pullman (partenza da Via Capruzzi / Bari Stazione ore 18:00; arrivo previsto a Matera / Stazione Centrale, ore 19:15).

5 giorni / 4 notti
€ 420 a persona
Numero minimo di viaggiatori: 6 persone

Per maggiori informazioni contattare: viaggiare-insieme@webmail.com

Quando:

Inizio e fine del viaggio:

Città visitate / giorni:
Matera / da lunedì fino a mercoledì mattina

Prezzo:

1b Lesen Sie das Reiseangebot auf Seite 26 noch einmal und entscheiden Sie, ob die folgenden Aussagen richtig oder falsch sind.

	vero	falso
1. I Claustri sono delle piazze piccole, tipiche di Altamura.	☐	☐
2. La degustazione non è compresa nel prezzo.	☐	☐
3. Fra i prodotti tipici ci sono dei salumi.	☐	☐
4. Venerdì pomeriggio non c'è un programma fisso.	☐	☐
5. Il pullman per Matera parte alle 18:00.	☐	☐

1c Sie sind an der Reise interessiert und haben Ihrer italienischen Freundin Cristina den Link weitergeleitet, in der Hoffnung, dass sie mitkommt. Lesen Sie Cristinas Antwort und entscheiden Sie, welche der folgenden Aussagen dazu passt.

☐ Trova il viaggio interessante e vuole venire.

☐ Non può venire, perché ha un problema con l'auto.

☐ È interessata, ma vuole avere ancora delle informazioni.

Ciao, bella questa offerta! Sembra interessante. Potremmo andare in macchina fino a Matera, ma dovremmo cercare un parcheggio in città per cinque giorni. Forse è un problema. E poi non ho capito due cose: i pasti sono inclusi nel prezzo o no? E dove pernotteremo? Dopo l'ultima volta in quell'hotel terribile, meglio domandare... Lo potresti fare tu?

1d Sie klären die offenen Fragen zur Reise per E-Mail. Verwenden Sie dafür die folgenden Angaben. Vergessen Sie am Ende die Grußformel nicht.

1. Ich werde mit dem Auto am Sonntag in Matera ankommen. Könnten Sie mir einen Parkplatz in der Nähe empfehlen, wo ich meinen Wagen 5 Tage lang parken kann?
2. Sind Frühstück, Mittag- und Abendessen im Preis inbegriffen oder muss ich sie extra bezahlen?
3. Wo werden wir übernachten (im Hotel / in einem B&B)?

Gentili Signore e Signori,

ho visto sul Vostro sito il viaggio "Fra la Basilicata e la Puglia". Mi interessa molto e lo vorrei prenotare, ma prima ho ancora delle domande.

____

____

____

____

____

____

C2 Fa caldissimo

2a Die Reise nach Matera, Altamura und Bari ist ein voller Erfolg! Hier sehen Sie ein Foto, das ein Mitreisender in den sozialen Medien gepostet hat. Auf welche Information im Text bezieht sich das Foto? Unterstreichen Sie.

marco73 Da lunedì siamo a Matera. Questa città è veramente interessante! Però qui in luglio fa caldissimo. Ieri sera per fortuna c'è stato un temporale fortissimo, con fulmini, tuoni e tanta pioggia. Siamo rimasti in camera e da lì ho fatto la foto. Oggi il cielo è sereno e anche la temperatura è più bassa – ci sono "solo" 27 gradi...

2b Lesen Sie die Wettervorhersagen und vervollständigen Sie sie mithilfe der Wortliste und der Piktogramme.

piogge • nuvole • neve • cielo sereno • temporali • vento • ghiaccio

1	2	3
Dalla serata di lunedì ________________ a partire dai 400 metri. Possibilità di ________________ sulle strade nelle ore notturne.	Da domani sole e ________________. ________________ solo sulla costa. In montagna temperature intorno ai 18 gradi, con possibilità di ________________ nelle ore notturne.	Nel fine settimana temperatura massima di 13 gradi con ________________ e ________________ anche intense.

2c Sie wollen auch etwas von der Reise posten. Schreiben Sie mithilfe der folgenden Angaben einen Kommentar zum Foto.

Reise sehr schön, aber sehr warm • heute Nacht: sehr starkes Gewitter, deswegen schlecht geschlafen • jetzt gerade: Kaffee im Bett • heute geht die Reise weiter, aber: lieber im Bett bleiben

C3 Biglietto urbano singolo

3a Lesen Sie das Ticketangebot einer italienischen Stadt für deren öffentliche Verkehrsmittel. Für welche der folgenden Reisenden ist dieses Angebot NICHT interessant?

☐ **Marcello** viaggia con i suoi amici Eva e Gianni.

☐ **Mimmo** vuole andare a visitare un castello che si trova fuori città.

☐ **Anthony** è un turista e visita tutta la città.

CartaPerTe – Che cos'è?

Stai per salire sull'autobus ma non puoi perché sei senza il biglietto? Una soluzione c'è! Si chiama **CartaPerTe** ed è una card elettronica comodissima con 10 biglietti urbani validi per 70 minuti. Non è personale e con questa possono viaggiare più persone insieme (naturalmente dovrai convalidare il biglietto per ogni persona).

Puoi acquistare comodamente la **CartaPerTe** nelle tabaccherie, nei bar o negli altri negozi con il simbolo **CartaPerTe** al prezzo di € 13,50.

Importante: per poter viaggiare senza problemi devi convalidare sempre il biglietto quando sali sull'autobus. Vicino all'autista trovi lo scanner: dovrai mettere la **CartaPerTe** davanti allo scanner e aspettare la luce verde e il suono. Non senti nessun suono e la luce è rossa? Attenzione, significa che la Carta è vuota o che il biglietto non è valido. In questo caso chiedi all'autista.

Per altre offerte (biglietti extraurbani, abbonamenti ecc.) clicca qui.

3b Lesen Sie das Angebot zu „CartaPerTe" noch einmal und beantworten Sie die Fragen hier unten und auf Seite 31.

1. Quanti biglietti ci sono sulla CartaPerTe?

___

2. Quanto tempo dura un biglietto?

___

3. Dove si compra CartaPerTe e quanto costa?

___

___

4. Cosa si deve fare sull'autobus?

____

5. Cosa significa la luce rossa dello scanner?

____

3c Suchen Sie in der Ticketübersicht die Synonyme für die folgenden fett gedruckten Begriffe.

Abbonamento...		Biglietto valido...	
di una settimana:	____________	**per un giorno**:	____________
di un mese:	____________	**solo per la città**:	____________
di un anno:	____________	**per gruppi:**	____________

BIGLIETTI	Biglietto urbano singolo 70 minuti	**€ 1,50**	CARTAPERTE	10 biglietti urbani, 70 minuti	**€ 13,50**
	Biglietto giornaliero urbano singolo	**€ 4,00**		+ riduzione del 10 % in tutti i musei della città	**€ 17,00**
BIGLIETTI SPECIALI	Biglietto valido per 3 giorni	**€ 10,00**	ABBONAMENTI	settimanale	**€ 14,00**
	Biglietto giornaliero per comitive (da 8 persone a 14 persone)	**€ 9,00**		mensile	**€ 39,00**
				annuale	**€ 390,00**

3d Welches Ticket passt? Finden Sie für die folgenden Bedürfnisse die jeweils passenden Tickets in der Tabelle aus Übung 3c (Mehrfachnennungen sind möglich).

1. Sono per la prima volta qui, ci resto una settimana per visitare la città. *CartaPerTe + riduzione del 10% in tutti i musei della città*
2. Siamo un gruppo di 10 turisti francesi, facciamo il giro delle città d'arte. ____________
3. La mia macchina è rotta. Per due giorni userò solo i mezzi pubblici. ____________

C4 Sceglierei sempre...

4a Lesen Sie die folgenden Kommentare in einem italienischen Reise-Forum. Ein Beitrag passt inhaltlich nicht dazu: welcher? Entscheiden Sie dann, wie die Frage lautet, auf die die Personen geantwortet haben.

redazione_web

Ciao a tutti! Stiamo facendo una piccola intervista...

- ☐ **Con quali mezzi preferite viaggiare?**
- ☐ **Da soli o accompagnati?**
- ☐ **Qual è secondo voi il luogo ideale per una vacanza?**

Grazie a tutti per le risposte!

Mario

Da quando siamo in pensione noi due viaggiamo molto. I viaggi organizzati non ci piacciono molto, però hanno un vantaggio: per tutto c'è l'agenzia! Poi in un paese molto lontano non ci sentiremmo sicuri, non ci andremmo mai da soli. Invece con un viaggio in gruppo non avremmo nessun problema.

Linda

Io e mio fratello siamo studenti e spesso andiamo a trovare amici in altre città. Però non abbiamo molti soldi e per noi i mezzi pubblici sono importanti: autobus e metropolitana in città, treni fuori città. Li prenderemmo più spesso, ma purtroppo sono sempre in ritardo.

Anita

Viaggi organizzati? Non sono proprio la persona adatta! A me interessa soprattutto scoprire gli angoli segreti di un paese e secondo me con una comitiva questo non è proprio possibile. In gruppo mi annoierei e non mi sentirei libera.

Roberto

Mi piacerebbe poter rispondere, ma in realtà non ho le idee chiare. Di solito io e mia moglie andiamo all'agenzia di viaggi, ma l'ultima volta abbiamo organizzato noi il viaggio in Grecia: è andato tutto bene e abbiamo anche risparmiato. In estate vorremmo andare in Portogallo. Forse faremo tutto da soli.

4b Auch Giulia hat etwas ins Forum geschrieben, aber ein Softwarefehler hat alles durcheinandergebracht. Was hat sie geschrieben? Rekonstruieren Sie Giulias Beitrag auf Seite 33 oben.

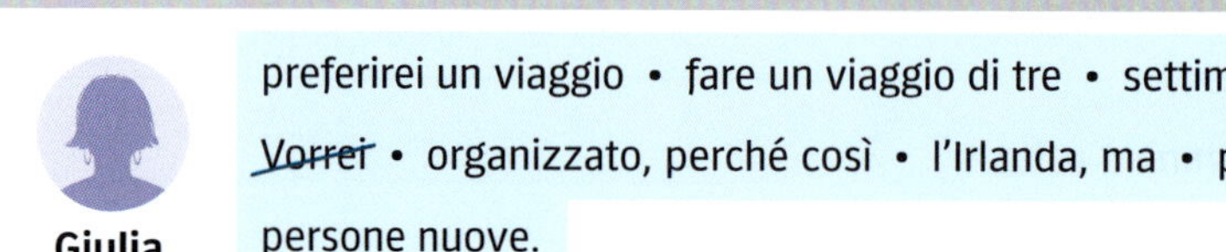

Giulia

Vorrei ______________________

____

____

4c Lesen Sie noch einmal die Beiträge in Übung 4a und 4b und suchen Sie die Verben und Ausdrücke, mit denen Wünsche bzw. Vermutungen und Möglichkeiten ausgedrückt werden.

Wünsche: *mi piacerebbe,* ______________________

____

Vermutungen / Möglichkeiten: *non ci sentiremmo sicuri,* ______________________

____

____

4d Was wünschen sich oder was vermuten diese Leute?

1. Vincenzo *preferirebbe visitare* (preferire visitare) un museo, ma sua figlia ______________ (annoiarsi).

2. Marco ______________ (volere rilassarsi) con un libro, ma probabilmente ______________ (addormentarsi) subito.

3. Le ______________ (piacere organizzare) una cena, ma come sempre nessuno ______________ (aiutarla).

4. Noi due ______________ (partire) subito per la Sicilia, ma prima ______________ (dovere trovare) un albergo libero.

4e Sie wenden sich mit Ihren Reisevorstellungen an ein Reisebüro. Schreiben Sie mithilfe der folgenden Angaben die entsprechende E-Mail. Denken Sie dabei auch an die allgemeinen Höflichkeitsfloskeln.

- Sie würden gerne zwei Wochen in der Toskana bei der Agentur buchen.
- Sie möchten eine Woche am Meer und eine Woche in einer Kunststadt verbringen (aber nicht in Florenz, weil Sie die Stadt schon gut kennen).
- Wenn möglich, würden Sie lieber Anfang September buchen, da August für Sie noch zu heiß sein könnte.
- Übernachtung und Essen lieber in B&B oder in kleineren Hotels, da Ihnen große Hotels voller Leute nicht gefallen und Sie sich dort überhaupt nicht erholen würden.
- Die Agentur kann ihre Angebote an diese E-Mail-Adresse schicken oder Sie unter der Nummer ... kontaktieren.

Buongiorno,

vorrei ___

D Sto bene così

D1 Non ti preoccupare!

1a Sie bekommen in den sozialen Medien eine neue Gruppe vorgeschlagen. Lesen Sie den Beitrag, in dem sich die Gruppe vorstellt, und entscheiden Sie, welcher der folgenden drei Titel NICHT zu dieser Gruppe passt.

☐ Da adesso cambio vita ☐ Amici della natura ☐ Vivi bene, vivi sano

Benvenuti! Siamo un gruppo di persone interessate al benessere e alla salute. Il nostro gruppo è aperto a tutti, anche ai "principianti", che hanno deciso da poco di curare di più la loro salute. Qui discutiamo le domande e i dubbi che abbiamo su questi temi; ci interessano le esperienze e i consigli di ogni persona, quindi ti invitiamo a partecipare attivamente con le ricette e le regole che segui o che vorresti seguire per avere una vita più sana.

Alcune informazioni utili: rispetta le regole del gruppo, sii pronto ad ascoltare le idee degli altri e rispondi sempre gentilmente, anche se non sei d'accordo con un commento; fa' domande e manda messaggi e materiali adatti ai nostri temi; non inviare pubblicità e non usare foto che hai trovato in Internet.

1b Suchen Sie im Text oben die Antworten auf die Fragen hier unten und auf Seite 36 oben.

1. Chi può partecipare? ______________________________

____

2. Qual è il tema? ______________________________

3. Che cosa si discute / interessa? ______________________

____

____

4. Come si dovrebbe partecipare? ______________________

____

____

1c Welche Social-Media-Regeln gelten in der Gruppe? Lesen Sie den Beitrag auf Seite 35 erneut und ergänzen Sie die Tabelle.

Idee e commenti di altre persone:	*sii pronto a* ______________________ ______________________
Domande / messaggi e materiali:	______________________ ______________________
Pubblicità:	______________________
Foto da Internet:	______________________ ______________________

1d Loretta braucht Rat und schreibt in die Gruppe. Fassen Sie ihren Kommentar unten sinngemäß zusammen.

Loretta

Ciao, sono da una settimana in vacanza in Puglia, a casa dei miei suoceri, ci resto ancora dieci giorni. Purtroppo per me mia suocera cucina benissimo, quindi mangio troppo e mi muovo poco (qui di giorno ci sono quasi 40 gradi, andare in spiaggia a certe ore non è possibile...). Avete dei consigli per quando torno a casa?

Adesso è *in vacanza* ______________________, ma sta

______________________,

perché ______________________, perciò vuole

____

1e Fabio hat Loretta geantwortet. Mit welchen Ausdrücken will er sie beruhigen? Und welche praktischen Tipps gibt er ihr?

Fabio

Buongiorno Loretta, adesso non ti preoccupare e sta' tranquilla. Al ritorno penserai alla soluzione. Il mio consiglio: scrivi un piano settimanale e decidi quanto tempo hai per lo sport e che cosa mangiare. Fissa dei giorni per fare movimento, fare la spesa ecc. Segui questo piano con attenzione. E abbi pazienza: passo dopo passo tornerai come prima!

Unregelmäßiger Imperativ (tu)
essere → sii
avere → abbi
fare → fa'
stare → sta'
dire → di'
dare → da'
andare → va'

Um sie zu beruhigen:	*non ti*
Praktische Tipps:	*scrivi*

1f Auch Sie möchten Loretta antworten. Verfassen Sie mithilfe der folgenden Stichpunkte Ihren Ratschlag. (Die Stichpunkte sind schon in der richtigen Reihenfolge angegeben.)

adesso: in ferie • quindi: passare bene le vacanze • al ritorno: cibi sani, per esempio... • fissare due appuntamenti alla settimana per lo sport • uscire regolarmente con amici per una passeggiata • hai un cane? benissimo! andare fuori con lui • solo: pazienza!

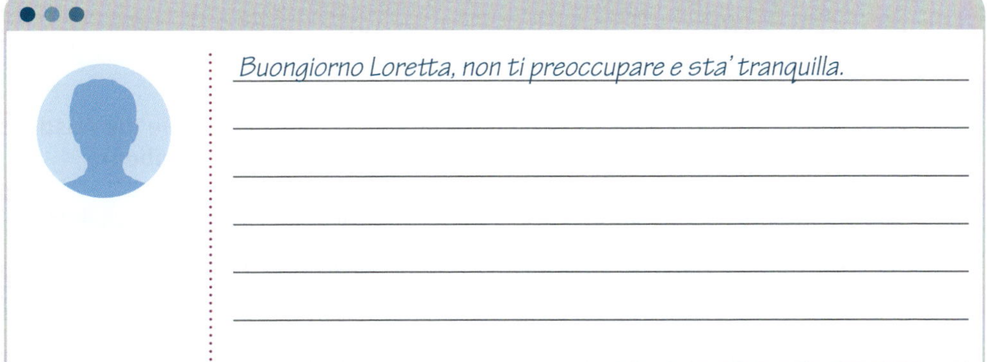

D

D2 Mangio meno carne

2a Sehen Sie sich die Fotos an und ergänzen Sie die Bildunterschriften mit den Ausdrücken aus der Liste.

giocare a pallavolo • allenarsi all'aperto • fare giardinaggio • salire le scale a piedi

1. ______________ 2. ______________ 3. ______________ 4. ______________

2b Elio ha seine frühere ungesunde Lebensweise geändert. Fassen Sie zusammen, wie sein Leben früher war.

Elio

Mangio meno carne e più verdura e mi sento molto meglio. Lavoro molto come prima, ma adesso faccio delle pause quando sono stanco. Non fumo più e non resto per ore sul divano davanti alla televisione per dimenticare lo stress... adesso per la prima volta nella mia vita mi dedico a un hobby: ho scoperto il giardinaggio, mi rilasso e faccio movimento.

Prima mangiava più carne e meno verdura e non si sentiva molto bene.

2c *Prima..., adesso...* Was hat Elio noch geändert? Verbinden Sie die Ausdrücke links und rechts zu sinnvollen Sätzen (Beispiel auf Seite 39 oben).

stare troppo seduto • soffrire di pressione alta • prendere sempre l'ascensore • ~~mangiare cibi troppi grassi~~ • fumare trenta sigarette al giorno

smettere di fumare • ~~seguire una dieta sana~~ • avere la pressione normale • salire e scendere le scale a piedi • allenarsi regolarmente

1. *Prima mangiavo cibi troppo grassi, adesso seguo una dieta sana.*
2.
3.
4.
5.

2d Welche Tipps für ein gesundes Leben können Sie Elio noch geben? Lassen Sie sich von den folgenden Stichwörtern inspirieren.

~~bere alcolici~~ • cercare un hobby divertente • mangiare cioccolata • andare regolarmente in vacanza • dormire 7 ore

Bevi pochi alcolici. / Non bere troppi alcolici.

2e Welche der folgenden drei Apps würden Sie Elio empfehlen und warum? Wieso sind die anderen beiden Apps für Elio nicht geeignet?

1. Sul cellulare si vede una mela? Significa "mangia un frutto". C'è uno spazzolino? Vuol dire "è il momento di lavarsi i denti". Si vede un pallone? Significa "fa' movimento". E le stelle nel cielo? Ricordano che è ora di andare a dormire... Un'app utilissima, che a orari regolari e con immagini allegre e chiare insegna al tuo bambino le buone abitudini.

2. Sei una persona sportiva ma lavori tutto il giorno al computer? Hai cominciato da poco a fare sport e movimento? Hai problemi di salute perché non ti muovi abbastanza? Ecco una app nuovissima e adatta a tutti. A orari regolari ti propone esercizi per diverse parti del corpo. Durano solo cinque minuti e li puoi fare dappertutto. Cosa aspetti? Inizia subito!

3. Dimentica le sigarette! Con l'aiuto di questa app potrai scambiare idee e consigli con altre persone, discutere con loro i tuoi progressi e i tuoi risultati e smettere per sempre di fumare.

Per Elio è adatta la

D3 Mi ha dato delle pastiglie

3a Monica und ihre Freundin Livia schreiben sich gerade Nachrichten. Lesen Sie und wählen Sie das Foto aus, das zu ihrem Austausch passt.

☐

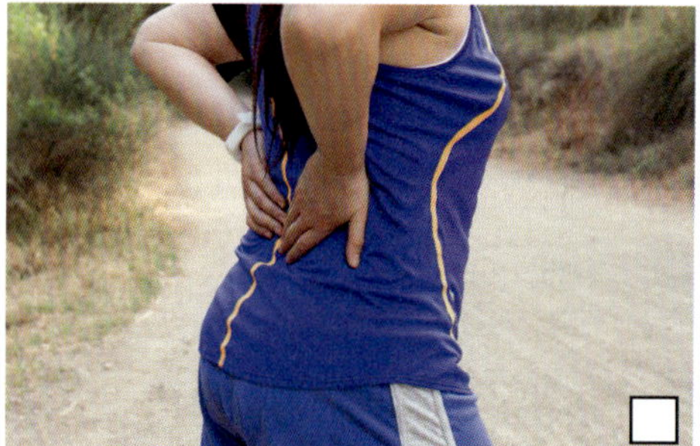
☐

Ciao Livia! La partita di pallavolo è alle 17:00. Ci vediamo in palestra?

Non posso, stiamo per partire per le ferie e devo fare ancora la mia valigia.

Dai, vieni! Puoi fare la valigia dopo.

No, non posso! Anche perché mi fanno male la schiena e le spalle – come sempre, sono stata troppo tempo al computer. E ho anche un problema al ginocchio destro, perché ieri ho fatto jogging.

Ma dai! In palestra non devi giocare, devi solo guardare.

In palestra ci sediamo sul pavimento, non va bene per la schiena.

☹ Il problema è che lavori troppo e non fai movimento.

Monica, lo so!! Ma in questo periodo sono sola in ufficio, non posso fare diversamente!

3b Welche Tipps würden Sie Livia geben? Streichen Sie in der folgenden Liste diejenigen Ausdrücke durch, die nicht zu ihrer Situation passen, und formulieren Sie mit den restlichen geeignete Tipps.

mettere una pomata contro il mal di schiena • non prendere freddo • usare delle gocce per bocca contro il mal di gola • fare un test per le allergie • fare un bagno caldo • prendere uno sciroppo per la tosse • prendere delle pastiglie contro il dolore

Metti una ______________________________

____

____

____

3c Ergänzen Sie das Rätsel mit den passenden Körperteilen.

1. Sopra c'è la testa.
2. Davanti c'è la pancia, dietro c'è la...
3. Si trova a metà gamba.
4. Con questi puoi sentire.
5. Ogni mano ne ha cinque.
6. Sono due, fra il collo e le braccia.
7. Sono nella bocca e sono 32.
8. Con questi puoi vedere.

Attenzione!

la mano – le mani	il dito – le dita
il braccio – le braccia	il ginocchio – le ginocchia

3d Livia war beim Arzt und informiert Monica darüber. Ergänzen Sie den Chat.

stare meglio • Ne ho presa • che passa presto • stamattina • è niente • Ne • al giorno

Allora? Cosa ti ha detto il dottore?

Che non ________________, è un problema ________________. Mi ha dato delle pastiglie.

Quante ne devi prendere?

________________ devo prendere due ________________, una alla mattina e una alla sera, dopo i pasti. ________________ una ieri sera e ________________ mi sembra già di ________________.

D4 Allegra e un po' timida

4a Die folgenden Personen haben ihre Nachrichten alle in derselben App gepostet. Was bietet diese App ihren Nutzerinnen und Nutzern?

Alessandra, allegra e un po' timida, ho la passione dei fornelli. 🙂 Desidero contattare altre persone con l'hobby della cucina per provare insieme nuove ricette e mettere in comune esperienze diverse.

Sono **Luciana**, estroversa e attiva, amo la natura, cucire, disegnare e uscire con i miei cani per lunghe passeggiate. Vorrei incontrare amici / amiche con gli stessi interessi ma sono un po' pigra, quindi no a escursioni o trekking, sì a passeggiate tranquille nel verde! 🙂

Mi chiamo **Roberto**, ho 42 anni, sono calmo e molto sportivo. Nei fine settimana mi piace fare alpinismo e andare in canoa. Sarebbe bello trovare degli amici per escursioni in montagna o sul fiume nei weekend.

Ciao a tutti, sono **Michele**, ho un cane un po' nervoso e triste perché purtroppo è spesso da solo. Ma stiamo per affittare una nuova casa vicino a Parco Mazzini, dove so che ci sono molti altri cani. Se ne hai uno e abiti nella stessa zona, ci potremmo organizzare e portarli fuori insieme.

In questa app le persone possono ________________

____

4b **Ergänzen Sie die Tabelle mit den Charaktereigenschaften aus den Mitteilungen in Übung 4a. Finden Sie alle Gegenteile? Markieren Sie sie farbig.**

Alessandra:	Luciana:	Roberto:	Il cane di Michele:
______	______	______	______
______	______	______	______
______	______	______	______

4c **Welche Freizeitaktivitäten werden in der App erwähnt? Und welche sind Ihnen außerdem im Kapitel D begegnet?**

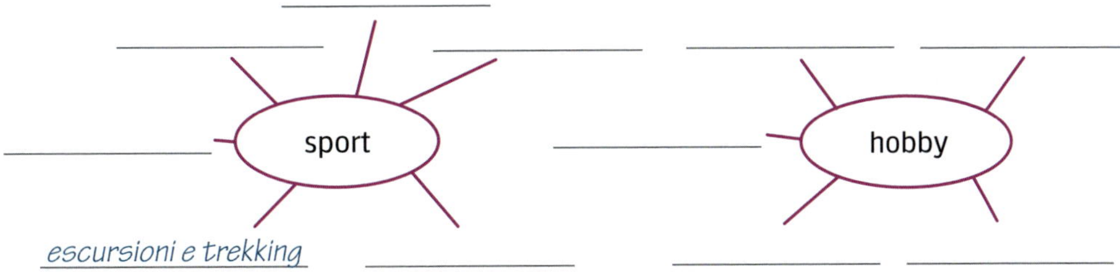

4d **Florian möchte die App aus Übung 4a nutzen, um während seines Auslandssemesters in Italien Gleichgesinnte zu finden. Helfen Sie ihm, mithilfe der folgenden Stichpunkte einen Text zu schreiben. (Die Stichpunkte sind in der richtigen Reihenfolge angegeben.)**

Stare per + Verb im Infinitiv gibt die unmittelbare Zukunft wieder.
Sto per aprire un ristorante.
Stiamo per affittare una casa.

estroverso + attivo • ❤ musica Heavy Metal • ma: ascoltare volentieri anche musica classica • suonare: piano + chitarra elettrica • cercare: altri con la passione della musica • perché: stare per formare una band • ma: manca gente • libero: solo il martedì + fine settimana • interessato/a?

Florian, 24 anni, ______

______

______

______

E Un paesaggio meraviglioso

E1 Hai tutti i documenti?

1a Wozu benötigen Sie die folgenden Dokumente? Ordnen Sie zu. (Mehrfachnennungen sind möglich.)

1. la carta d'identità
2. il passaporto
3. la patente
4. la tessera sanitaria
5. la carta di credito

a. per andare dal medico
b. per pagare in un negozio, in un hotel...
c. per passare il confine
d. per identificarsi
e. per guidare una macchina, una motocicletta...

1b Irene und Eva bereiten ihre Reise nach England vor. Lesen Sie ihren Chat: Welches Problem hat Eva? Welche Lösung schlägt Irene vor?

Eva, hai tutti i documenti? I biglietti...?

Sì, ho tutto: biglietti, carta d'identità, patente.

Carta d'identità?! Adesso per l'Inghilterra devi avere il passaporto!

No. Mi sono informata, anche la carta d'identità va bene.

È valida? Hai controllato?

Beh, sì... Adesso guardo.

La mia carta d'identità non è più valida!! ☹

E il passaporto?

No, neanche quello! E adesso cosa facciamo?

Eva!!! Non è possibile!!! Guarda, io parto lo stesso, mi dispiace per te! ☹

Scusa!! Non ti arrabbiare! Ma io adesso cosa faccio?

Ora sono le 10:00: va' subito in Comune con tre foto per il documento, spiega il problema e chiedi una nuova carta d'identità. Se hai fortuna, ti fanno il documento subito.

Il problema: *Eva deve partire per l'Inghilterra, ma* ____________________

____

La proposta di Irene: *Eva deve andare* ____________________

____

1c Irene und Eva haben in einer Zeitschrift ein Quiz zum Thema „Reisen" gemacht. Schauen Sie sich genau an, was sie angekreuzt haben, und lesen Sie dann die Profile A bis C auf Seite 46. Welches Profil passt zu wem?

Che viaggiatore / viaggiatrice sei e qual è il tuo partner di viaggio ideale?

Preferisci viaggiare...	da solo/a o in coppia.	☐	☒
	con un gruppo di amici.	☒	☐
	con un gruppo organizzato.	☐	☐
Prima del viaggio...	ti prepari perfettamente! Ti informi e organizzi ogni dettaglio e tutte le tappe del viaggio.	☒	☐
	leggi delle guide, ti informi un po' in Internet, poi prenoti l'albergo / il viaggio. È abbastanza!	☐	☐
	cerchi di non fare niente, per te c'è sempre un/un' amico/a o l'agenzia di viaggio che si occupa di tutto.	☐	☒
La tua valigia...	è pronta già da una settimana. Durante questa settimana aggiungi o cambi sempre qualcosa.	☒	☐
	è pronta il giorno prima; non hai dimenticato niente perché hai seguito una lista.	☐	☐
	è pronta circa cinque minuti prima della partenza, probabilmente manca qualcosa.	☐	☒
Durante il viaggio...	scrivi un diario e raccogli biglietti e cartoline per non dimenticare niente.	☐	☒
	non scrivi niente, ma fai molte fotografie.	☒	☐
	fotografi poco e non scrivi niente, perché ricordi bene tutto.	☐	☐
Se durante il viaggio c'è un problema...	non ti preoccupi, sei in vacanza! Si trova sempre una soluzione!	☐	☒
	perdi la pazienza e diventi nervoso/a: odi avere problemi in vacanza.	☐	☐
	diventi attivissimo/a: domandi, chiedi aiuto, trovi presto la soluzione.	☒	☐

Profilo A Sei una persona a cui non piacciono molto le sorprese: preferisci preparare e controllare tutto, solo così ti puoi rilassare. Sei un/a buon/a compagno/a di viaggio, perché sei sempre preparato/a e sai cosa fare. Ma un consiglio: scegli bene le persone con cui partire, perché un/a compagno/a di viaggio che ama l'avventura e la sorpresa per te proprio non va bene!

Profilo B Viaggi organizzati? Mai! Tu sei un/a viaggiatore/trice a cui piacciono le avventure: probabilmente hai viaggiato molto e resti calmo/a anche in situazioni nuove, che non controlli bene. La persona con cui parti non deve avere un carattere nervoso e, come te, dovrebbe amare la sorpresa.

Profilo C Sei una persona che non si arrabbia facilmente, forse un po' pigra. Non ti preoccupi troppo, perché sai che una soluzione c'è sempre. Con te è facile viaggiare, ma non partire con persone uguali a te: probabilmente il vostro viaggio finirebbe già alla stazione di partenza...

Relativpronomen

che – Subjekt / direktes Objekt (ohne Präposition):

Sei una persona allegra, **che** non si arrabbia facilmente.

Il tour **che** faremo inizia in Val di Fassa.

cui – indirektes Objekt (mit Präposition):

Sei una persona **a cui** non piacciono le sorprese.

La persona **con cui** parti non deve avere un carattere nervoso.

Irene: Profilo ☐ A ☐ B ☐ C **Eva:** Profilo ☐ A ☐ B ☐ C

1d Irene hat eine Website mit Reisetipps an Eva weitergeleitet, in der Hoffnung, dass die nächsten Reisevorbereitungen entspannter werden. Sie haben Eva in Übung 1b und 1c kennengelernt, welche der folgenden acht Tipps sollte sie besonders beherzigen? Kreuzen Sie an.

☐ 1. Dedicate un po' di tempo alla preparazione del viaggio: eviterete problemi!

☐ 2. Fate una lista dei documenti di viaggio che dovete portare.

☐ 3. Fate una seconda lista per l'abbigliamento e gli altri oggetti (spazzolino, cellulare...).

☐ 4. Se andate all'estero, controllate almeno due mesi prima se i documenti sono ancora validi.

☐ 5. Non aspettate l'ultimo giorno per fare la valigia.

☐ 6. Ricordate di controllare il peso della valigia se viaggiate in aereo.

☐ 7. Se partite in macchina, controllate l'auto (acqua, olio e pneumatici) una settimana prima del viaggio.

1e Sie möchten der Liste aus Übung 1d auch ein paar Tipps hinzufügen. Orientieren Sie sich an den Notizen und schreiben Sie die Tipps.

...

8. *nicht zu viel Geld mitnehmen, mit Kreditkarte zahlen*
9. *Liste mit Medikamenten machen, die ihr bei euch haben möchtet*
10. *nicht vergessen: Regenschirm in den Koffer legen*
11. *einem / einer Verwandten oder einem Freund / einer Freundin die Adresse des Hotels mitteilen, in dem ihr übernachtet*

8. Non portate con voi troppi soldi, potete pagare con

____

____

____

____

____

____

E2 Ci potete arrivare per mare

2a Kennen Sie die „Isole Eolie"? Machen Sie das Quiz! Versuchen Sie zu raten, die Auflösung gibt es in Kürze.

1. È un arcipelago di
   ☐ 6 ☐ 7 ☐ 8 isole vicino
   ☐ alla Sicilia ☐ alla Sardegna.
2. L'arcipelago ha la forma di una
   ☐ ics ☐ ipsilon ☐ zeta.
3. Il centro principale è ☐ Lipari
   ☐ Malfa ☐ Santa Marina Salina.
4. Quando non ci sono nuvole o nebbia
   si vedono le isole anche dalle coste
   ☐ della Sardegna ☐ della Puglia ☐ della Sicilia.
5. ☐ Le macchine ☐ Le moto ☐ Le macchine, le moto e le biciclette
   non possono girare sull'isola di Alicudi.

2b Lesen Sie die Werbekampagne zu den „Isole Eolie" und überprüfen Sie Ihre Antworten in Übung 2a. Falls nötig, korrigieren Sie Ihre Antworten.

UN ARCIPELAGO DA SOGNO

Cercate un mare cristallino, una natura splendida, aria pulita e una cucina semplice ma saporita?

Andate alle Isole Eolie, un arcipelago meraviglioso di sette isole non lontane dalla Sicilia! L'arcipelago ricorda una «y» e, quando il tempo è bello, lo potete vedere anche dalle coste della Sicilia.

Il periodo ideale per andarci è la primavera, quando il clima è piacevole e la temperatura non è troppo alta.

Ci potete arrivare per mare con un traghetto o un aliscafo dai porti di Milazzo, Reggio Calabria, Napoli o Palermo (l'arcipelago non ha un aeroporto). Il centro principale è Lipari, che è anche il nome di una delle isole; altri centri conosciuti sono Leni, Malfa e Santa Maria Salina.

Alle Eolie si possono fare molte attività: gite in barca, escursioni sui due vulcani attivi dell'arcipelago, Stromboli e Vulcano, immersioni, tante camminate o semplicemente potete prendere il sole su una spiaggia di sabbia nera, come quella famosa sull'isola di Vulcano. E se volete dimenticare lo stress della città, se amate la vita semplice e se siete molto sportivi, non perdete Alicudi, l'isola dove non ci sono strade, non ci sono auto, e neanche moto e biciclette: qui si va solo a piedi!

ci = dort / dorthin

Ci restiamo una settimana.

Ci potete arrivare per mare con un traghetto.

Il periodo ideale per andar**ci** è la primavera.

Achtung: ci steht vor dem konjugierten Verb, wird aber an den Infinitiv angehängt.

2c **Lesen Sie die Werbung für die „Isole Eolie“ noch einmal. Welche weiteren Informationen finden Sie darin? Ergänzen Sie die Tabelle.**

Paesaggio e natura:	*mare cristallino,* ______
Centri conosciuti:	______
Quando andarci:	______
Come andarci:	______
Che cosa fare:	______

2d **Lesen Sie die Fragen zu den „Isole Eolie“ in einem Reiseforum und suchen Sie die passenden Antworten. Achtung: Es gibt eine Antwort zu viel!**

1 **Sofia** Ciao, andrò a Lipari all'inizio di ottobre. Non ci sono mai stata e vorrei sapere se a Lipari in ottobre locali e discoteche sono ancora aperti. Grazie

2 **Paolo** Saremo a Lipari due settimane dal 10 settembre e non abbiamo ancora prenotato. Che cosa ci consigliate? Per girare l'isola, cosa dite, sono più pratici i mezzi pubblici o è meglio noleggiare un'auto?

3 **Tommy** Ho letto che ci sono traghetti da Napoli per Lipari fino al 20 settembre. Poi partono solo da Milazzo... ma è vero? Devo proprio andare fino in Sicilia?

A **Luca** Ti consiglio di cercare un alloggio in paese, è più pratico. I bus ci sono e costano poco; se decidi di fare una gita più lunga, puoi sempre noleggiare un'auto!

B **Anna** Da Messina c'è un traghetto più volte alla settimana; per informazioni sugli orari cerca in Internet.

C **Dario** Certo, questo è un centro abitato tutto l'anno, con alberghi, ristoranti, bar, negozi e anche discoteche... Vieni tranquillamente, ti divertirai!

D **Chiara** Non è proprio così, da Milazzo ci sono traghetti tutto l'anno; se invece parti da altri porti devi controllare bene, perché le partenze in autunno non sono molto regolari.

2e Franca e Marcello waren auf der Insel Alicudi im Urlaub und möchten im Reiseforum darüber berichten. Helfen Sie ihnen dabei! Verwenden Sie dazu die folgenden Stichwörter.

Partenza Lipari → Alicudi con l'aliscafo, 3 maggio • ritornati: 10 maggio • alloggiato alla «Casa del Vulcano», posto molto pulito + curato, ma: non facile arrivarci: molte scale • a Alicudi solo a piedi! • esperienza splendida: isola bellissima + ideale per il trekking • Attenzione: a Alicudi Ø banche / bancomat / farmacie • prima del viaggio controllare: soldi? medicine? • per le gite necessarie: scarpe da montagna / acqua • strade in montagna molto pesanti, soprattutto sotto il sole!

E3 Le stanze sono molto luminose

3a In der Wortschlange verstecken sich neun Begriffe rund um eine der folgenden drei Urlaubsunterkünfte. Suchen Sie die Begriffe und entscheiden Sie, welche Unterkunft dazu passt.

☐ casa privata ☐ B&B ☐ casa vacanza

lavastoviglieelettricitàpuliziafinaleriscaldamentoclimatizzatore biancheriadalettolavatricebiancheriadabagnogiardino

3b Elda hat von einer Reiseagentur die folgende E-Mail erhalten. Lesen Sie die E-Mail und dann die Anzeigen darunter: Für welche Unterkunft interessiert sie sich?

Gentile Signora,

La ringraziamo per la Sua e-mail e rispondiamo con piacere alle Sue domande. Le stanze sono molto luminose, in una c'è un letto matrimoniale, nelle altre due i tre letti sono singoli. La casa ha anche il riscaldamento (non lo scriviamo nell'annuncio, perché normalmente in questo periodo non fa ancora freddo). Gli animali domestici sono permessi, quindi può portare il Suo cane; l'uso del giardino è compreso nel prezzo e, se vuole, ci può lasciare il cane senza problemi: è chiuso e sicuro e i gatti non ci possono entrare.

In ogni caso guardi anche le altre due case che abbiamo in catalogo, forse La potrebbero interessare.

Se ha ancora delle domande, non si faccia problemi: mi scriva una e-mail o chiami il numero 0586-453058-0 e chieda di parlare con Rita.

Cordialmente,

Rita Bencina

Agenzia Sasso

1

Casa antica

su un solo piano con piscina, immersa nella tranquilla campagna toscana, adatta per gruppi di 4–6 persone. 3 camere da letto (5 posti letto), bagno, cucina, divano letto in soggiorno, giardino attrezzato, garage. No animali domestici.

2

Appartamento

grande e luminoso con giardino, in posizione centrale, non lontano dalla spiaggia. Due camere, quattro posti letto. Bagno con finestra. Biancheria da letto e asciugamani compresi nel prezzo. 1 posto auto. Pulizia finale € 50. I proprietari della casa abitano al primo piano.

3

Casa vacanza

curatissima, con panorama meraviglioso sulle colline, 3 locali con 5 posti letto, con grande cucina e due bagni, distanza dal centro 200 metri. Lavastoviglie e lavatrice. Possibilità di usare il giardino. Max. 5 persone. Pulizia finale non compresa nel prezzo.

3c Suchen Sie in den Anzeigen der Übung 3b die Übersetzung der folgenden Begriffe.

zentrale Lage • Schlafplatz • Parkplatz • Hausbesitzer • Haustiere • Entfernung • geeignet für

3d Und wie wird Elda von der Mitarbeiterin der Reiseagentur dazu aufgefordert, in Kontakt zu bleiben? Suchen Sie auf Seite 51 die entsprechenden Ausdrücke.

non si faccia

3e Elda hat sich in einer weiteren E-Mail über die Einrichtung im Ferienhaus erkundigt. Lesen Sie die Antwort und ordnen Sie den Einrichtungsgegenständen im Text die entsprechende Bildnummer zu.

L'arredamento è semplice ma funzionale. In soggiorno ci sono il divano-letto [7] e due comode poltrone [ ]. C'è anche una piccola libreria [ ] e un tavolo [ ] con cinque sedie [ ]. Le camere da letto sono accoglienti e moderne, con letti nuovi e un armadio [ ] per i vestiti. Nella camera matrimoniale vicino al letto c'è anche uno scaffale [ ]; non è molto grande, ma è molto pratico.

1

2

3

4

5

6

7

3f Rita Bencina hält im Sommer alleine die Stellung in der Agenzia Sasso und ihr wächst alles etwas über den Kopf. Die folgenden Antworten hat sie freundlich, aber entschieden an ihre Kunden geschickt. Was passt zusammen?

1. Contatti Lei
2. Abbia solo un po'
3. Telefoni Lei
4. Mi mandi
5. Faccia così:

a. adesso paghi l'affitto per la prima settimana, io mi informo e Le so dire.
b. tutti i dati della Sua prenotazione, per favore.
c. all'hotel e provi a chiedere.
d. il proprietario per l'incidente nel parcheggio, è meglio!
e. di pazienza, perché la mia collega è in ferie.

3g Sie interessieren sich für eine Ferienwohnung der Agenzia Sasso. Im Internet haben Sie kein passendes Angebot gefunden und schreiben daher mithilfe der folgenden Notizen eine E-Mail an Rita Bencina.

- *Ich habe Ihren Katalog gesehen, aber leider keine geeignete Wohnung für mich und meine Familie gefunden. Könnten Sie mir helfen?*
- *Gesucht: Wohnung mit zwei Zimmern für 4 Personen (mit Ehebetten oder Einzelbetten, kein Schlafsofa!), mit Waschmaschine, Geschirrspülmaschine, Klimaanlage, ab dem 18. August für zwei Wochen.*
- *Lage: zentral, aber ruhig. Parkplatz notwendig.*
- *Bei Fragen: E-Mail schreiben oder anrufen unter 00...*

Gentile Signora Bencina,

ho visto ______________________________

F In treno o in macchina?

F1 Hai comprato i biglietti?

1a Folgende Angebote sind auf der Homepage der Bahn erschienen, aber leider sind die Überschriften durcheinandergeraten. Bringen Sie das wieder in Ordnung.

1b Laura will mit dem Zug reisen und sucht dazu Informationen im Internet. Mit welchen Fotos sind die folgenden Links verbunden? Ergänzen Sie die Bildunterschriften.

Ristorazione a bordo • Viaggiare con bici al seguito • Trasporto animali domestici • Deposito bagagli • Servizio bus sostitutivo

1. ______________________

2. ______________________

3. ______________________

4. ______________________

5. ______________________

1c Welcher Link aus Übung 1b bietet diesen sechs Reisenden die benötigten Informationen? Ergänzen Sie die entsprechende Ziffer.

1. Laura viaggia con il suo cane e vorrebbe sapere se deve pagare il biglietto anche per lui. Link № ☐
2. Leo ha una pausa di quattro ore a Milano e vuole visitare la città, ma ha uno zaino veramente molto pesante. Link № ☐
3. Gianni ha scoperto che il treno da Siena per Empoli non parte e cerca un'alternativa per arrivarci. Link № ☐
4. Vera e Maria fanno un tour delle Marche in bicicletta, ma hanno scelto il treno per evitare alcuni percorsi troppo difficili. Link № ☐
5. Michele sta per fare un viaggio lungo e ha pensato di pranzare in treno. Link № ☐

F

1d Emma und Pietro wollten eigentlich zusammen verreisen. Aber Sie haben es geschafft, sich darüber im Messenger-Chat zu streiten ... Warum? Lesen Sie den Chat und fassen Sie ihr Problem auf Seite 57 oben kurz zusammen.

Ciao Pietro, sono ancora al lavoro. Hai comprato i biglietti per Bologna?

No, non li ho comprati. Parliamo dopo di questo, adesso non posso.

Ma come?! «A Bologna con il treno regionale delle 11:20»: l'hai detto tu sabato sera!

Ti sbagli. E poi con il treno regionale NO. L'altra settimana l'ho dovuto prendere e ha fatto ritardo. Se ci andiamo, si va in macchina.

La mia è rotta, l'ho lasciata dal meccanico. Dovremmo andare con la tua. Ma ti ricordo che in autostrada c'è un sacco di traffico e ci sono sempre code. Che ne diresti di partire con il Frecciarossa? Costa di più ma è comodo e veloce.

Senti, l'ultima volta il Frecciarossa ha avuto un problema e io e Luigi siamo dovuti scendere alla stazione di Reggio Emilia. Abbiamo dovuto aspettare un'ora la coincidenza per Bologna, naturalmente abbiamo perso la prenotazione e abbiamo dovuto fare il resto del viaggio in piedi. Non dico altro.

Ma dai, è stata una volta sola, può succedere!

Io vado a Bologna in macchina!

Sai cosa? È meglio restare a casa...

Emma!! Non ti arrabbiare! Quanto dura il viaggio con il Frecciarossa?

C'è un treno che parte la mattina da Milano alle 9:10 e arriva a Bologna alle 10:22. Ti andrebbe bene? Poi potremmo visitare anche la mostra a Palazzo Fava...

Emma vuole andare a Bologna in ___

___

___

___

___

Pietro vuole andare a Bologna in ___

___

___

___

___

Il (treno) Frecciarossa (qui alla Stazione di Milano) è un treno ad alta velocità, che può viaggiare fino a 300 chilometri orari.

1e Lesen Sie noch einmal den Chat auf Seite 56: Welche der folgenden Aussagen dazu sind richtig und welche falsch?

	vero	falso
1. Pietro non ha comprato i biglietti perché secondo lui devono ancora parlare del viaggio.	☐	☐
2. Emma ha portato l'auto di Pietro dal meccanico.	☐	☐
3. Dalla stazione di Reggio Emilia Pietro e Luigi hanno dovuto prendere un altro treno.	☐	☐
4. Da Reggio Emilia a Bologna Pietro e Luigi sono dovuti restare in piedi.	☐	☐

Passato prossimo mit Modalverben
Passato prossimo von potere / dovere / volere + Infinitiv des Verbs:
Abbiamo dovuto aspettare un'ora. Mara **ha voluto controllare** l'orario del treno.
Achtung bei Verben, die das Passato prossimo mit essere bilden:
Lucia **è voluta andare** in treno.

1f Suchen Sie im Chat auf Seite 56, welche Vorschläge Emma macht und wie sie sich vergewissert, ob Pietro damit einverstanden ist.

Vorschläge machen: *Che ne* ___

___

Sich vergewissern, ob jemand einverstanden ist:

___

F

1g Franco möchte mit Andrea einen Ausflug mit dem Zug machen, aber Andrea möchte lieber mit dem Auto fahren. Übernehmen Sie die Rolle von Franco in dem Austausch mit dem Freund.

Ciao Franco! Allora, andiamo in montagna questo weekend?

Sie kommen gerne mit und fragen, ob er schon den Zugfahrplan kontrolliert hat.

Sì, volentieri. Hai già ____________________

Veramente no. Ho pensato che possiamo andare in auto.

Mit dem Auto am Wochenende?! Sie schreiben, dass Sie das letzte Mal wegen eines Unfalls eine Stunde im Stau verbracht haben.

____

____

____

Ma se partiamo presto, non ci sono problemi.

Nein, wirklich lieber mit dem Zug!

____

Ok, come preferisci... E che facciamo? Di nuovo una camminata?

Sie schlagen ihm vor, die Fahrräder mitzunehmen, in Tarvisio auszusteigen und die Tour bis Camporosso zu machen. Sie schlagen auch vor, eine Nacht in einem B&B im Dorf zu übernachten. Sie fragen, ob er einverstanden ist.

____

____

____

____

____

F2 Traffico intenso e code

2a Bevor Filippo in den Urlaub fährt, erkundigt er sich im Internet nach der Verkehrslage. Welches Symbol passt zu welcher Verkehrsmeldung?

- [ ] 1. Lavori sulla A4 al km 31, uscita Palmanova.
- [ ] 2. Coda in uscita da Verona Sud per traffico intenso.
- [ ] 3. Traffico rallentato tra Valsamoggia e Modena per incidente.
- [ ] 4. Uscita Gallarate chiusa al traffico fino alle 18:00 del 20/08/2020.
- [ ] 5. Stazione di rifornimento Vesuvio Sud chiusa.

2b Manuela wird mit ihrem Freund Filippo und einem befreundeten Paar in den Urlaub fahren. Lesen Sie den Chat zwischen Filippo und Manuela und beantworten Sie die Fragen auf Seite 60 dazu.

lo / la / li / le + passato prossimo
il viaggio → **l'**ho prenotat**o**
la giacca → **l'**ho dimenticat**a**
le valigie → **le** ho fatt**e**
i messaggi → non **li** hanno vist**i**

Ciao Manu, hai già fatto le valigie?

Sì, amore, le ho fatte! 🙂 E tu? Non hai dimenticato la giacca di pelle?

No, adesso ho veramente tutto! 🙂

E la macchina? Hai controllato l'olio e l'acqua?

No, lo faccio dopo. Però ho controllato le previsioni del traffico... Cominciamo male: «Traffico intenso e code per piogge e temporali sulla A1, fra Bologna e Firenze». Prevedono temporale e pioggia per tutta la notte, quindi sicuramente troveremo coda.

Oh no! 🙁 Perché non scriviamo a Alice e Roberto e gli proponiamo di partire domani? Sarebbe meglio. Non vorrei passare la notte in coda in autostrada... Gli scrivi tu?

Guarda, gli ho mandato un sacco di messaggi, ma non mi hanno risposto. Secondo me non li hanno visti. O forse hanno il cellulare spento.

1. Perché secondo Filippo il viaggio comincia male?

___

2. Che cosa propone Manuela?

___

3. Qual è il problema di Filippo con Alice e Roberto?

___

4. Perché i due amici non rispondono?

___

2c Lesen Sie den Chat zwischen Manuela und Alice und schreiben Sie dann unter die Fotos auf Seite 61, was die beiden für die Reise entscheiden.

mi / ti / gli / le ... + va + di + Infinitiv

Vi va di pranzare? = Avete voglia di pranzare? / Volete pranzare?

Non **ci va di** viaggiare. = Non abbiamo voglia di viaggiare. / Non vogliamo viaggiare.

Ciao Alice, Filippo ha controllato le previsioni del traffico. Ci sono problemi per il brutto tempo. Che ne direste di partire domani mattina verso le 11:00? Vi andrebbe bene? Potremmo incontrarci al casello di entrata circa alle 11:30.

Ciao, Manuela! Che sorpresa!! Certo, va benissimo. Partiamo domani, sicuramente è meglio. Però cerchiamo un altro posto per incontrarci. Al casello c'è troppo caos.

All'area di servizio Arno Ovest? Potremmo essere lì verso le 12:00.

Sì, buona idea! 🙂 Aspettiamo nel parcheggio?

No, in questo periodo fa troppo caldo. Meglio al bar. O forse è meglio al ristorante?? Vi va di pranzare?

No, grazie, non ci va di viaggiare con la pancia piena. Un caffè e uno spuntino saranno perfetti.

Benissimo. A domani!

1. *Decidono di partire la mattina verso le 11:00.* ______

2. ______

3. ______

4. ______

5. ______

6. ______

2d Suchen Sie im Chat aus Übung 2c nach den italienischen Wendungen für folgende Situationen.

1. Einen Vorschlag annehmen: ______
2. Überraschung ausdrücken: ______
3. Fragen, ob andere Lust haben, etwas zu tun: ______
4. Antworten, dass man keine Lust hat, etwas zu tun: ______

F

2e Auch Filippo hat ein paar zusätzliche Vorschläge für die Reise und eine Nachricht in den Gruppenchat geschickt. Bringen Sie seine Sätze in die richtige Reihenfolge.

servizio perché è chiusa • Ciao a tutti, purtroppo non ci possiamo • colazione insieme e poi partiamo. Secondo • per lavori fino al 15 settembre. Vi • incontrare all'area di • in vacanza e non abbiamo fretta. 🙂 • me è una soluzione più pratica. Siamo • va di venire da me verso le 9:00? Facciamo

____

____

____

____

____

____

____

2f Wie haben die anderen auf Filippos Vorschlag reagiert?

Manuela

Porto / per / cornetti / benissimo! / tutti. / Va / i

Va benissimo! Porto ______________________________

Alice

partiamo / Sì, / buona / divertiamo / insieme / e ci / idea, così / di più!

____

____

Roberto

ci / Certo! Però / vedere / potremmo / alle 8:00? / di / troppo / Non mi / tardi. / partire / va

____

____

F3 Abbiamo sbagliato strada

3a Welcher der folgenden drei Sätze könnte wohl die Geschehnisse rund um die beiden Fotos am besten zusammenfassen? Was vermuten Sie?

☐ 1 Il ragazzo sta cercando una trattoria tipica, ma non conosce la strada.

☐ 2 Il ragazzo ha preso la strada sbagliata, però così ha trovato una trattoria tipica.

☐ 3 Il ragazzo doveva raggiungere un posto, ma ha fatto una pausa in una trattoria tipica.

3b Lesen Sie jetzt den Beitrag, den Manuela aus Kapitel F2 über ihre Reise in den sozialen Medien gepostet hat, und entscheiden Sie, ob Ihre Vermutung in Übung 3a richtig war. Unterstreichen Sie in Manuelas Beitrag die Sätze, die zu den Fotos aus Übung 3a passen.

„einige" auf Italienisch:
qualche + Singular: qualche ristorante, qualche informazione
alcuni / alcune + Plural: alcuni ristoranti, alcune informazioni

Manuela è con **Filippo** e **altri 2** presso **Trattoria La Torre** •
Castelfranco di Sopra, Italia:

Viaggio divertente e pieno di avventure con i nostri amici Alice e Roberto. Siamo partiti con un po' di ritardo e abbiamo avuto subito un problema: l'aria condizionata non funzionava. Faceva caldo e eravamo nervosi, così a un certo punto abbiamo deciso di cambiare programma e di fare una gita di un giorno. Siamo usciti dall'autostrada per andare a Castelfranco di Sopra, ma la rete Internet lì non era buona e abbiamo dovuto usare la carta per cercare la strada... Un caos! Per prima cosa abbiamo preso la strada sbagliata (nella foto si vede Roberto che sta leggendo la carta senza molti risultati...). Per fortuna a un certo punto è arrivato un signore in bicicletta. Gli abbiamo domandato qualche informazione sulla zona. Era gentilissimo, ci ha anche consigliato alcuni posti tipici dove mangiare. Adesso stiamo finendo la giornata in una trattoria meravigliosa. Vi metto la foto della zuppa che stiamo mangiando. È buonissima. 🙂

3c **Manuela hat noch weitere Fotos von dem Ausflug gepostet. Was machen die vier Freunde jeweils gerade? Finden Sie den passenden Ausdruck und schreiben Sie die Bildunterschriften wie im Beispiel.**

fare benzina • riposarsi e prendere il sole • ~~visitare un mercatino~~ • tornare a casa • fotografare

1. *Stanno visitando un mercatino.*

2. ______________________

3. ______________________

4. ______________________

5. ______________________

stare + gerundio
parl**are** → sto parl**ando,** legg**ere** → sto legg**endo**, fin**ire** → sto fin**endo**
Attenzione: fare → sto facendo, bere → sto bevendo, dire → sto dicendo

3d **Lesen Sie noch einmal Manuelas Bericht in Übung 3b. Markieren Sie darin mit gelber Farbe diejenigen Verben, die in der Vergangenheit aufeinanderfolgende, neu eintretende oder abgeschlossene Handlungen wiedergeben. Mit grüner Farbe markieren Sie hingegen Verben, die eine Beschreibung, einen Zustand oder eine nicht abgeschlossene Handlung in der Vergangenheit ausdrücken.**

3e Sehen Sie sich noch einmal an, welche Verben Sie in Übung 3d gelb und grün markiert haben. Für welche Handlungen wird das „passato prossimo“ verwendet und für welche Handlungen das „imperfetto“? Kreuzen Sie an.

☐ imperfetto ☐ passato prossimo	☐ imperfetto ☐ passato prossimo
• Handlungen in der Vergangenheit, die aufeinanderfolgen • neu eintretende Handlungen • Handlungen in der Vergangenheit, die abgeschlossen sind	• Handlungen in der Vergangenheit, die etwas beschreiben / einen Zustand ausdrücken • nicht abgeschlossene Handlungen

3f Sie waren gestern mit Ihrem Freund Filippo verabredet, konnten aber nicht zum Treffen erscheinen. Sie schreiben ihm mithilfe der Ausdrücke eine Nachricht, in der Sie sich entschuldigen und berichten, was geschehen ist. Achten Sie dabei darauf, welche Art von Handlung in der Vergangenheit Sie wiedergeben (siehe Tabelle oben) und welche Zeit Sie dafür verwenden müssen.

(1) uscire con il cane per una passeggiata → (2) fare molto caldo e nel cielo esserci solo qualche nuvola → (3) andare prima al parco → (4) decidere di continuare la strada lungo il fiume → (5) sentire un tuono improvviso e fortissimo → (6) correre subito nel bosco → (7) trovarlo appena due ore dopo

Filippo, scusa per ieri, ma sai cosa è successo? (1) ______________________ verso le 17:00.
(2) ______________________.
Io e Charlie (3) ______________________, poi (4) ______________________ fino al bosco. A un certo punto (5) ______________________.
E tu conosci Charlie... come sempre (6) ______________________, perché lì si sente più sicuro! (7) ______________________. Che stress! ☹

G Io mi informo così

G1 Visite guidate

1a Lesen Sie das folgende städtische Kulturangebot für den September. Was wird den Einwohnern dieser Stadt alles geboten? Ordnen Sie die Veranstaltungen dann den passenden Zielgruppen unten zu (Mehrfachnennungen sind möglich).

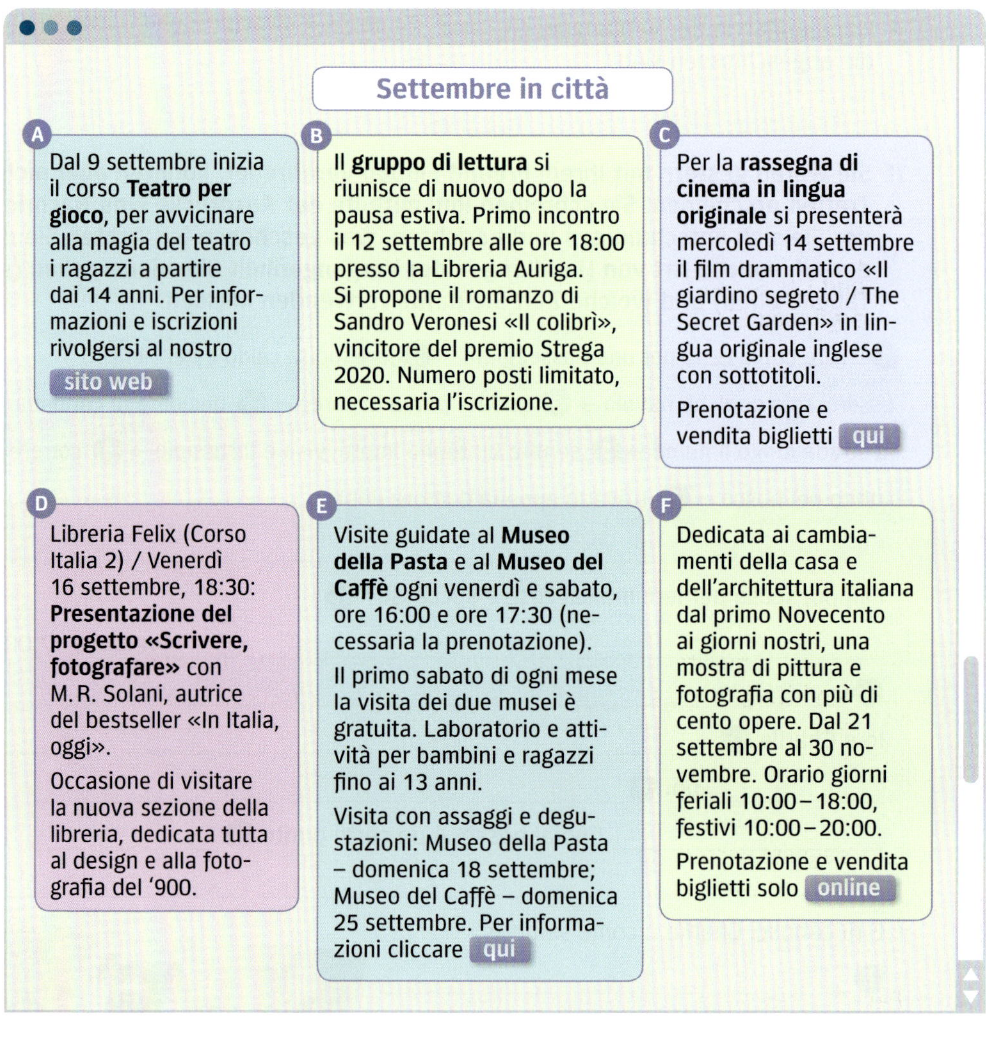

Settembre in città

A Dal 9 settembre inizia il corso **Teatro per gioco**, per avvicinare alla magia del teatro i ragazzi a partire dai 14 anni. Per informazioni e iscrizioni rivolgersi al nostro sito web

B Il **gruppo di lettura** si riunisce di nuovo dopo la pausa estiva. Primo incontro il 12 settembre alle ore 18:00 presso la Libreria Auriga. Si propone il romanzo di Sandro Veronesi «Il colibrì», vincitore del premio Strega 2020. Numero posti limitato, necessaria l'iscrizione.

C Per la **rassegna di cinema in lingua originale** si presenterà mercoledì 14 settembre il film drammatico «Il giardino segreto / The Secret Garden» in lingua originale inglese con sottotitoli.

Prenotazione e vendita biglietti qui

D Libreria Felix (Corso Italia 2) / Venerdì 16 settembre, 18:30: **Presentazione del progetto «Scrivere, fotografare»** con M. R. Solani, autrice del bestseller «In Italia, oggi».

Occasione di visitare la nuova sezione della libreria, dedicata tutta al design e alla fotografia del '900.

E Visite guidate al **Museo della Pasta** e al **Museo del Caffè** ogni venerdì e sabato, ore 16:00 e ore 17:30 (necessaria la prenotazione).

Il primo sabato di ogni mese la visita dei due musei è gratuita. Laboratorio e attività per bambini e ragazzi fino ai 13 anni.

Visita con assaggi e degustazioni: Museo della Pasta – domenica 18 settembre; Museo del Caffè – domenica 25 settembre. Per informazioni cliccare qui

F Dedicata ai cambiamenti della casa e dell'architettura italiana dal primo Novecento ai giorni nostri, una mostra di pittura e fotografia con più di cento opere. Dal 21 settembre al 30 novembre. Orario giorni feriali 10:00–18:00, festivi 10:00–20:00.

Prenotazione e vendita biglietti solo online

1. Per gli amanti dei libri: B, _____
2. Per bambini e ragazzi: _____
3. Per chi ama la fotografia: _____
4. Per chi si interessa di pittura: _____
5. Per chi vuole imparare una lingua straniera: _____

1b Lesen Sie das Kulturprogramm auf Seite 66 noch einmal und entscheiden Sie, ob die folgenden Informationen richtig oder falsch sind.

> **Personenbezeichnungen auf -tore und -iere**
> ♂ scrit**tore** → ♀ scrit**trice**
> ♂ cameri**ere** → ♀ cameri**era**

	vero	falso
1. Il corso di teatro è per ragazzi sotto i 14 anni.	☐	☐
2. Il gruppo di lettura durante l'estate non si è incontrato.	☐	☐
3. La visita al Museo della Pasta è gratis ogni sabato.	☐	☐
4. Alla Libreria Felix uno scrittore presenterà un libro.	☐	☐
5. I biglietti per la mostra si devono acquistare online.	☐	☐
6. Alla mostra sulla casa e l'architettura italiana ci sono cento fotografie.	☐	☐

1c Sie sind an der Kostprobe im „Museo del Caffè" (siehe Übung 1a) interessiert und suchen auf der Website weitere Informationen. Lesen Sie den Text und ergänzen Sie unten die passenden Informationen.

Museo del Caffè

Sempre più persone si interessano al turismo enogastronomico: a tanti non basta più gustare un cibo o una bevanda particolarmente buoni; ne desiderano conoscere anche la storia e le tradizioni. Il caffè è una tradizione italianissima. Il nostro museo è dedicato a questa bevanda deliziosa e alla sua storia antica e moderna. Durante la visita (per gruppi di massimo 10 persone) troverete una mostra molto interessante di oggetti – caffettiere, tazze, tazzine, macchine – raccolti a partire dal '700. Vi presenteremo le tecniche antiche con cui si lavorava e si preparava la bevanda. Imparerete anche a riconoscere i diversi tipi di caffè e a preparare un espresso perfetto. Alla fine della visita vi aspetta una degustazione di famosi prodotti della caffetteria italiana, con la possibilità di acquistare nel negozio del museo caffè e oggetti come piatti e tazzine.

Per chi è interessante il museo? ______________________

Per quante persone è la visita? ______________________

Che cosa c'è alla mostra? ______________________

Che cosa imparano i visitatori? ______________________

Che cosa possono comprare i visitatori nel negozio del museo? ______________________

G

1d Lesen Sie den Bericht eines Besuchers des „Museo del Caffè". Suchen Sie für die Lücken jeweils den passenden Textabschnitt rechts.

Oggi, 25 settembre, siamo stati con i bambini al Museo del Caffè. Con noi c'era la signora Maria, che

1. ______

spiegato la storia del caffè, le tecniche per lavorarlo e la storia dei diversi oggetti del museo (alcuni sono bellissimi!). I bambini si

2. ______

anche noi adulti abbiamo imparato molte cose nuove. Abbiamo passato

3. ______

del museo è veramente squisito. 🙂
Consigliamo questo museo a grandi

4. ______

☐ sono divertiti molto: adesso sanno preparare un caffè perfetto! 🙂 Ma devo dire che

[1] ci ha guidato attraverso il museo. Gentilissima e molto preparata, ci ha

☐ e piccoli; noi ci torneremo di nuovo!

☐ una mattina divertente e molto interessante. E il caffè alla caffetteria

1e Sie waren auch im „Museo del Caffè“! Schreiben Sie mithilfe der folgenden Stichpunkte Ihre Rezension.

- Besuch mit meiner Familie am Samstag, 1. Oktober
- Ausstellung sehr schön & interessant
- Museumsshop etwas teuer, aber die Produkte wirklich sehr gut
- einziges Problem: es war Samstag und es waren zu viele Leute da
- ich empfehle, das Museum an einem Freitag zu besuchen, dann wird auch die Führerin (geduldig & gut, aber alleine mit zu vielen Touristen) mehr Zeit für euch und für eure Fragen haben

G2 Ho letto con interesse…

2a Wie informieren sich die Italienerinnen und Italiener über aktuelle Ereignisse? Dazu lesen Sie gleich einen kurzen Bericht. Doch bevor Sie zu lesen beginnen: Welchen Titel könnte der Bericht haben? Was vermuten Sie?

Lesen Sie jetzt den Bericht auf Seite 70 und überprüfen Sie Ihre Vermutung.

Sempre più italiani usano Internet e i social media per informarsi (88% circa); crescono anche gli abbonamenti a quotidiani e giornali online. Molto amati sono anche i telegiornali (oltre il 59 % delle persone intervistate), che restano una delle principali fonti di informazione soprattutto fra le persone più anziane. Più del 16% si informa attraverso i giornali radio. Circa due terzi degli italiani (67%) ricevono notizie online sul cellulare. Non cresce invece il numero delle persone che si informano attraverso quotidiani e periodici cartacei.

2b Welche Informationsquellen werden in dem Bericht genannt?

Internet e social media, ____________________

____

____

2c Sehen Sie sich das Diagramm an und ergänzen Sie mithilfe der Informationen aus dem Bericht oben die Informationsquellen an der jeweils passenden Stelle.

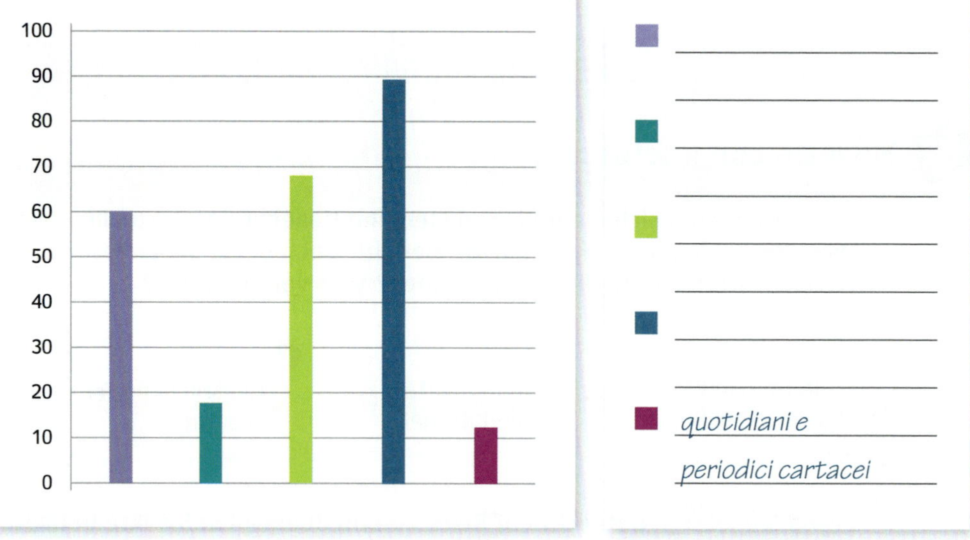

2d Ein Leser hat einen Kommentar zum Bericht auf Seite 70 oben gepostet. Lesen Sie den Kommentar und beantworten Sie die Fragen dazu.

Ho letto con interesse l'articolo. Ho 58 anni e mi informo soprattutto attraverso i giornali cartacei e online. Invece i miei figli e nipoti si informano solo sui social media, non guardano i telegiornali, non leggono i giornali. È vero che i social media sono veloci, pratici e aggiornati, ma secondo me le informazioni che danno sono superficiali e qualche volta false e i giovani non sempre lo sanno. Per me è anche un problema della scuola, che gli dovrebbe insegnare a pensare e a capire. Per i miei ragazzi, invece, il problema sono io: secondo loro sono troppo vecchio per il mondo di Internet.

1. Quanti anni ha e come si informa questo lettore?

   ____

   ____

2. Come si informano i giovani secondo lui?

   ____

   ____

3. Quali sono i vantaggi e i problemi dei social media?

   ____

   ____

4. Che cosa dovrebbe fare secondo lui la scuola?

   ____

   ____

2e Suchen Sie im Text aus Übung 2d die italienischen Ausdrücke für die folgenden Absichten.

Die eigene Meinung ausdrücken: ______________________________

Einen Einwand vorbringen: ______________________________

Einen Gegensatz einführen: ______________________________

2f Gudrun liest gerne italienische Zeitungen, um ihre Sprachkenntnisse zu erweitern. Auch sie hat den Beitrag zur Mediennutzung auf Seite 70 oben gelesen und möchte nun selbst einen Kommentar posten. Dazu hat sie den Text zunächst auf Deutsch verfasst. Helfen Sie Gudrun nun, den Kommentar auf Italienisch zu schreiben.

Ich lese Zeitungen vor allem online, weil sie praktisch, schnell und günstig sind. Die Zeitungen sind online vor allem immer auf dem neuesten Stand. Es stimmt, dass die Nachrichten manchmal falsch oder oberflächlich sind. Aber meiner Meinung nach sollte der Leser die Informationen, die er bekommen hat, mit den Nachrichten aus anderen Zeitungen vergleichen. Aber viele lesen keine anderen (Zeitungen): Das ist für mich das echte Problem!

Leggo soprattutto ____________________

G3 Come Internet ha cambiato la nostra vita

3a Lesen Sie die folgenden Überschriften und finden Sie dazu die passenden Beiträge in der Umfrage zu den Gewohnheiten rund ums Internet auf Seite 73.

1. Tanti vantaggi, ma qualche volta il problema è dove abiti. __________
2. Ho cambiato abitudini per un problema di salute. __________
3. L'età? Non è un problema! *Maria*
4. Se hai una casa piccola, è perfetto. __________

redazione_web

Ciao a tutti!

Questa settimana vorremmo sapere come Internet ha cambiato la vostra vita: il computer per voi è un amico o no?

Grazie a tutti per le risposte!

Mauro

Prima usavo di più il tablet, soprattutto per leggere. Mi piaceva molto! Però io leggo soprattutto la sera e purtroppo ho notato che con la luce del tablet poi di notte dormo male. Da qualche mese ho ricominciato a leggere libri cartacei... adesso dormo molto meglio!

Elena

Non mi piacciono molto i computer, però devo dire che sono decisamente più pratici se, come me, si lavora da casa in un piccolo appartamento. Libri, giornali, documenti occupano molto spazio... un computer è l'ideale!

Maria

Non ho paura di Internet, anche se sono anziana: ho una nipote che mi ha insegnato a usarlo. E adesso lo uso ogni giorno! Poi io amo l'arte e la storia, e ho scoperto che alcuni musei organizzano visite online: grazie a Internet viaggio comodamente dalla mia poltrona...

Gianluca

Sono cresciuto con i libri cartacei, ma amo Internet perché ha molti vantaggi. E posso risparmiare soldi e spazio. L'unico problema è che vivo in montagna e qui in paese Internet non funziona molto bene.

3b Schlüpfen Sie jetzt in die Rolle von Leonardo und schreiben Sie mithilfe der Stichpunkte seinen Beitrag zum Forum.

- kleiner Junge: kein Internet → unser Leben war anders
- heute: ich mache alles online → arbeiten, einkaufen, Wettervorhersagen kontrollieren, Theaterkarten reservieren → mit dem Internet alles ist viel schneller und praktischer

Leonardo

Quando ero ragazzo ______________________

____

____

____

____

G4 Ho trovato un'offerta interessante

4a Nicoletta hat ihrem Bruder nach einem Besuch bei ihrer Oma die folgende Nachricht geschrieben. Leider hat ein technisches Problem alles durcheinandergebracht. Bringen Sie den Text wieder in die richtige Reihenfolge.

☐ Ho deciso di regalare alla nonna un buono-regalo per una visita guidata a due musei di Venezia che lei non ha ancora visto.

☐ Alcune informazioni erano veramente interessanti, non le conoscevo neanch'io... e sono guida turistica!!

1 Ieri, con nonna Rita stavo guardando un libro che ho trovato a casa sua sui musei e l'arte della nostra città.

☐ Poi ho cercato altre informazioni in Internet e ho avuto un'idea magnifica per il suo compleanno...

☐ Ci andremo insieme in treno e passeremo una giornata bellissima!

4b Hier ist die Website, die Nicoletta auf die Idee für das Geschenk gebracht hat. Welche der Aussagen auf Seite 75 dazu sind nicht korrekt? Streichen Sie durch.

Un regalo tutto nuovo

Avete mai pensato a un regalo unico e originale? Perché non regalare i biglietti di ingresso per dei musei, o anche una visita guidata a un museo o a una città? Se siete interessati, seguite le istruzioni per acquistare il buono regalo.

Per prima cosa dovrete riempire il MODULO in tutte le sue parti, senza dimenticare di indicare chiaramente il regalo che vorreste fare. Inviate il modulo per e-mail all'indirizzo indicato: vi manderemo tutte le informazioni necessarie per comprare il buono-regalo.

La persona che riceverà il regalo ci dovrà mandare un'e-mail al massimo dieci giorni prima della data della visita. Nell'e-mail dovrà indicare chiaramente il numero del buono, la data e l'orario per la visita. Se non ci saranno problemi, le invieremo entro due giorni il documento con cui potrà entrare al museo e/o partecipare alla visita.

1. Si possono regalare solo visite guidate a dei musei.
2. Si riempie il modulo e si riceve subito il buono-regalo.
3. Chi invia il modulo, riceverà ancora delle istruzioni.
4. Chi riceve il regalo può inviare un'e-mail una settimana prima della visita.
5. Chi riceve il regalo deve scrivere nell'e-mail il numero del buono-regalo, il giorno e l'ora della visita.

4c Sie finden das Angebot aus Übung 4b ebenfalls interessant. Sie schreiben Ihrem italienischen Freund Ivo, weil Sie denken, dass es sich um ein tolles Geschenk für Ihre gemeinsame Freundin Irmi handelt. Verfassen Sie die E-Mail mithilfe der folgenden Stichpunkte und der Angaben auf der Website.

- trovato online un'offerta interessante → possibile: regalare un buono per una visita guidata (città o museo)
- secondo me: idea ottima per il compleanno di Irmi → lei: mai a Napoli / occasione per conoscere la città
- modulo online → prima: riempire e inviare → poi: necessari altri passi, tutte le istruzioni al link unregaloalmuseo.it
- d'accordo? → aspettare risposta

Caro Ivo,

come stai? Ti scrivo perché ______________________

____

____

____

____

____

____

____

____

____

H Italiani in cucina

H1 Quanto tempo dedichi alla cucina?

1a Ordnen Sie die Kategorien der Lebensmittel den entsprechenden Supermarktangeboten zu.

1. verdure
2. frutta secca
3. legumi
4. latticini
5. carne e salumi
6. erbe aromatiche fresche
7. frutta

a. noci, nocciole e mandorle in offerta
b. carote, cipolle, cetrioli oggi a metà prezzo
c. origano, salvia, prezzemolo in vaso
d. pollo, vitello, manzo, maiale freschissimi
e. uva e mandarini siciliani
f. offerta della settimana: *prendi tre e paghi due* / fagioli in scatola **3x2**
g. formaggio di capra e di pecora

1b Auf dem Boden vor dem Supermarkt liegen zwei zerknüllte Einkaufszettel, die kaum noch lesbar sind. Was war darauf notiert?

A

1 et di salame
2 arance, 2 carote
300 g di carne macin mista
2 spied
formaggio alle erbe
Gastronomia → 1 porzi di pasticcio di melan e, 2 polpette

B

2 cet + verdura per il pranzo di domenica
frutta sec (1 busta)
1 scatola fagi
2 fet e di pol
rosma e allo
1 chilo di pere

1c **Eine große Supermarkt-Kette bietet ihrer Kundschaft als Extraservice online eine Gesundheitsberatung an. Dafür müssen die Interessenten zuerst ein paar Fragen über ihre Lebensumstände und Essgewohnheiten beantworten. Stefano wollte die Beratung in Anspruch nehmen, aber leider sind seine Antworten durcheinandergeraten. Welche Antwort passt zu welcher Frage?**

QUESTIONARIO SULLE ABITUDINI ALIMENTARI

1. Quanto tempo dedichi alla cucina?

☐ Mangio molta carne (quasi ogni giorno), soprattutto manzo e vitello.

2. Mangi piatti freschi o fast food?

☐ Mai, perché non mi piacciono!

3. Sei vegano o vegetariano?

☐ Consumo abbastanza spesso piatti pronti o fast food perché non so cucinare.

4. Quante porzioni di frutta e verdura mangi al giorno?

☐ Lo mangio raramente, però mangio spesso frutti di mare.

5. Quante volte alla settimana consumi pesce?

☐ Cerco di mangiare la mattina un frutto e poi la sera un po' di verdura.

6. Quante volte alla settimana consumi carne e salumi?

☐ No, a me piace molto la carne! 🙂 E adoro formaggi e uova.

7. Quanta acqua bevi circa al giorno?

☐ Purtroppo non ho molto tempo per il pranzo, di solito alla mensa prendo una pasta e poi una fetta di carne.

8. Quanto spesso mangi legumi?

[1] Veramente in cucina ci resto pochissimo...

9. Se lavori fuori casa: che cosa mangi nella pausa pranzo?

☐ Non lo so: quattro bicchieri? Un litro?

Invia!

1d **Vergleichen Sie Stefanos Antworten mit den beiden Einkaufszetteln in Übung 1b: Welcher könnte seiner sein? Warum?**

1e Ein Arzt hat Stefanos Antworten gelesen und gibt ihm ein paar Tipps. Lesen Sie die Ratschläge und beantworten Sie die Fragen dazu.

Risponde:

Dr. Luciano Lombardo

Medico dietologo nutrizionista

Buongiorno, dalle Sue risposte vedo già che Lei mangia troppo fast food e troppa carne, ma pochi legumi, frutta e verdura. Non La conosco e provo a indovinare: forse non sa cucinare? O sa cucinare, ma non ha tempo? In ogni caso, per prima cosa Le consiglio di cercare in Internet alcune ricette semplici e veloci: non è necessario passare ore ai fornelli, la cucina italiana è una cucina semplice, ma preparata con prodotti ottimi. E poi Le consiglio di provare a cucinare con prodotti freschi e se possibile locali, perché hanno più vitamine e sono anche più economici. È soprattutto un problema di organizzazione: se durante la settimana pianifica bene la spesa e le ricette che desidera preparare, potrà mangiare bene anche se non ha molto tempo.

1. Secondo il medico che cosa non sa fare Stefano?

____

____

2. Che cosa gli consiglia e perché?

____

____

____

3. Com'è la cucina italiana, secondo lui?

____

____

4. Che cosa dovrebbe pianificare Stefano?

____

____

1f Lesen Sie die Antwort des Arztes noch einmal. Welche Ausdrücke verwendet er für die folgenden zwei Situationen?

Um eine Fähigkeit anzugeben: ____________________

Um einen Ratschlag zu geben: ____________________

1g Als Leser können Sie den Beitrag ebenfalls kommentieren. Hier ist Ihr Text – noch auf Deutsch. Übersetzen Sie!

Meiner Meinung nach ist es am Anfang von Vorteil, mit einer erfahrenen Person (= persona esperta) zu kochen. Auch wenn Sie schon ein wenig kochen können, werden Sie etwas lernen! Natürlich könnten Sie auch einen (Koch)kurs besuchen. Ich empfehle Ihnen auch, eine Gruppe von Hobbyköchen (= appassionati di cucina) zu suchen: Sie werden zusammen diskutieren, kochen und vielleicht auch essen können. Sie werden sehen: Mit ein wenig Übung werden Sie ein sehr guter Koch!

Das Verb „können" auf Italienisch

sapere: (erlernte) Fähigkeit

potere: Möglichkeit, Bereitstellung

So fare le lasagne, ma non le **posso** preparare, perché non ho gli ingredienti.

Secondo me all'inizio è utile ____________________

H2 Ci potresti dare la ricetta?

2a Stefano chattet mit seiner Mitbewohnerin Alessandra. Die Internetverbindung war jedoch instabil und seine Nachrichten sind falsch bei ihr angekommen. Bringen Sie die Nachrichten wieder in die richtige Reihenfolge.

Ciao Stefano, sono in città. Compro ancora degli hamburger e vengo a casa, così ceniamo tutti insieme. C'è anche Diana?

☐ Eh, ti arrabbi subito!!

Ma da quando?!

☐ Se compri un hamburger per me, lo do al cane!!

Adesso non vado al supermercato! Dai, per una volta... Farai la dieta vegetariana da domani. Li compro, ok?

1 No, oggi ritorna tardi. Però Alex, non comprare l'hamburger per me. Io non mangio carne.

Sai cosa? Fa' come vuoi!

☐ Da oggi. Un medico mi ha consigliato di non mangiare troppa carne. E mi ha detto anche che devo mangiare cibi freschi e verdura. Compra verdura!

2b Stefano ist fest entschlossen, die Ratschläge des Arztes zu befolgen. Aber er ist in der Küche ein totaler Anfänger und braucht Unterstützung. Helfen Sie ihm, die Tätigkeiten in der Küche hier unten und auf Seite 81 oben den passenden Fotos zuzuordnen.

grattugiare • mescolare • tritare • bollire • frullare • ~~rosolare~~

1. *rosolare*

2. ____________

3. ____________

4. ____________ 5. ____________ 6. ____________

2c **Stefano hat im Internet ein Rezept gefunden und ausgedruckt. Leider war die Farbpatrone fast leer und der Text ist teilweise unleserlich. Vervollständigen Sie das Rezept mit den fehlenden Ausdrücken und ergänzen Sie dann die Zutatenliste.**

accendete • aglio • mescolate • grattugiati • forno • tagliateli • cucinateli • pesce • prezzemolo • mettete

Pomodori gratinati al __________

Difficoltà: facile

Tempo di preparazione: 15 minuti

Tempo di cottura: circa 20 minuti

Una ricetta estiva, facile e veloce, perfetta con i piatti a base di carne o di __________. __________ il forno a 180°. Prendete cinque pomodori, __________ a metà e vuotateli. Mettete i pomodori in una pirofila. Tagliate a fette lo spicchio d'__________, tritate il __________ e metteteli in una terrina. Aggiungete il formaggio pecorino e il pane __________, l'olio di oliva, il sale: __________ tutto e riempite i pomodori. __________ i pomodori in forno e __________ per circa 20 minuti.

Ingredienti:

5 pomodori,

____

____

____

____

____

____

2d Stefano und Alessandra haben ihrer deutschen Freundin Sabine eine E-Mail geschickt. Lesen Sie die E-Mail und helfen Sie Sabine, die Antwort zu schreiben. Orientieren Sie sich dafür am Originalrezept.

Cara Sabine,

come stai? Va tutto bene? Ti dovremmo chiedere un favore... Ci potresti dare la ricetta di quella salsa buonissima che hai fatto l'altra sera per gli asparagi?

Grazie mille, un abbraccio,

Stefano e Alessandra

Spargelsoße

Zutaten:
3 Esslöffel Butter
2 Zwiebeln
1 kleine gekochte Kartoffel
5 Esslöffel Petersilie
ca. ¼ Liter Brühe
Salz
weißer Pfeffer

- Die Petersilie waschen und die Zwiebeln schälen.
- Die Petersilie, die Zwiebeln und die Kartoffel klein hacken.
- Die Butter in einen Topf geben und die Zwiebeln darin anbraten.
- Die Brühe, die Petersilie, das Salz und den Pfeffer sowie die Kartoffel hinzufügen und alles gut umrühren.
- Die Soße circa 10 Minuten kochen und am Ende pürieren.

Imperativ (tu / voi) + Pronomen
Cucina **i pomodori**! → Cucina**li**.
Cucinate **i pomodori**! → Cucinate**li**.

Cara Alessandra, caro Stefano,

la salsa è molto semplice! Per gli ingredienti dovete avere:

____

____

Lavate il prezzemolo _______________

____

____

____

_______________ *È pronta!*

Tanti saluti,

Sabine

H3 La vera cucina italiana

3a In einem Online-Magazin haben Sie diesen kurzen Artikel entdeckt. Entscheiden Sie, welcher der folgenden Titel nicht dazu passt und streichen Sie ihn durch.

LA CUCINA ITALIANA FRA TRADIZIONE E NOVITÀ

La cucina italiana? Semplice ed economica

Storia e geografia spiegano la cucina italiana

Quando si pensa alla cucina italiana si pensa automaticamente alla pizza, agli spaghetti, alle lasagne o al tiramisù. Sono piatti nazionali diventati ormai internazionali. Ma qual è la *vera* cucina italiana? In realtà è difficile dare una risposta, perché la cucina italiana di fatto è una cucina regionale: le ricette sono molto diverse perché diversa è la storia e la geografia delle regioni italiane. La cucina italiana è però sicuramente una cucina semplice, basata su ingredienti di ottima qualità.

Oggi si scoprono sempre di più i cibi tipici e le ricette che si cucinavano una volta. È un modo per variare il menu, ma anche per parlare di cultura, di differenze, di storia... anche se poi niente torna come prima e le ricette di un tempo arrivano nei piatti di oggi un po' cambiate: con meno grassi, con tempi di preparazione più veloci, con una decorazione più adatta al gusto moderno.

3b Lesen Sie den Text oben noch einmal und entscheiden Sie, welche der folgenden Informationen richtig und welche falsch sind.

	vero	falso
1. È facile riconoscere la vera cucina italiana.	☐	☐
2. La cucina italiana nasce dalle cucine regionali.	☐	☐
3. Oggi si scoprono di nuovo i piatti tradizionali.	☐	☐
4. Oggi i piatti tradizionali sono un po' diversi.	☐	☐
5. Le ricette di oggi sono spesso meno pratiche e meno sane.	☐	☐

3c Eine Userin hat den Artikel von Seite 83 in den sozialen Medien geteilt und kommentiert. Ein paar andere User haben bereits darauf reagiert. Welcher Beitrag passt zu welcher der Aussagen unten? Ergänzen Sie die Namen.

A **Chiara** piace **La Gazzetta del Sapore**

Quando si pensa alla cucina italiana si pensa automaticamente alla pizza, agli spaghetti, alle lasagne o al tiramisù. Sono piatti nazionali diventati ormai internazionali. Ma qual è la *vera* cucina italiana? In realtà è difficile dare una risposta, perché la cucina italiana di fatto è una cucina regionale: le ricette sono

Buona domenica, amici! Ho appena letto un articolo interessante sul tema «Qual è la vera cucina italiana?» … Come rispondereste voi?

Paolo

Secondo me la vera cucina italiana è quella che si trova nei vecchi libri di cucina, quelli che usavano le nostre nonne… Voglio dire, se uso spezie come la curcuma, non è una ricetta veramente italiana.

Eva

Ma scusa, cosa vuoi dire? Oggi aggiungiamo spesso anche spezie o ingredienti un po' esotici alle ricette tipiche. È sempre stato così: la cucina cambia nel tempo, ma resta italiana lo stesso.

Davide

Io direi di cominciare con gli ingredienti. La cucina italiana è quella fatta con prodotti che crescono / si trovano dalle nostre parti. Quindi verdure, aglio e olio d'oliva, pesce, salumi ecc.

Grazia

Dai, finiamo questa discussione! Secondo me questa domanda non era corretta dall'inizio. O almeno io non capisco la differenza fra cucina italiana *vera* e *falsa*…

a. Per __________ la cucina italiana è una cucina che si basa sugli ingredienti e i prodotti che si trovano in Italia.

b. Per __________ è la cucina della tradizione.

c. __________ non è d'accordo con la domanda.

d. Secondo __________ la cucina italiana, come tutte le cucine, non resta sempre uguale.

3d Lesen Sie die Beiträge auf Seite 84 noch einmal und suchen Sie die Ausdrücke für die folgenden Absichten.

1. Etwas besser erklären:

___

2. Nach Erklärungen fragen:

___

3. Ungeduld ausdrücken und dazu auffordern, eine Diskussion zu beenden:

___

3e Auch Jens will einen Kommentar posten. Er hat die Satzteile schon mithilfe eines Übersetzungstools übersetzt, jetzt muss er sie nur noch richtig zusammensetzen. Helfen Sie ihm!

~~Secondo me l'autore~~ • tantissime ricette regionali in cui si usano ingredienti e • po' così: chiedete a dieci tedeschi, francesi o inglesi che cos'è • esiste. Voglio dire: esistono • dieci risposte diverse! Perché non • la cucina tedesca, francese o inglese e avrete • me dovremmo parlare di cucina toscana, cucina romana ecc. È sempre un • dell'articolo ha ragione! La vera cucina italiana non • discutiamo di buona e cattiva cucina? • prodotti tipici anche di altri paesi del Mediterraneo. Secondo

Jens

Secondo me l'autore ___

___

___

___

___

___

___

___

___

___

___

Saremmo subito d'accordo! ☺

I Al lavoro!

I1 Sto cercando lavoro

1a Was sind diese Menschen von Beruf? Wählen Sie aus der Liste die passenden Berufsbezeichnungen und ergänzen Sie diese unter den Fotos.

infermiera • scrittrice • elettricista • giardiniere • idraulico • tecnico • informatico

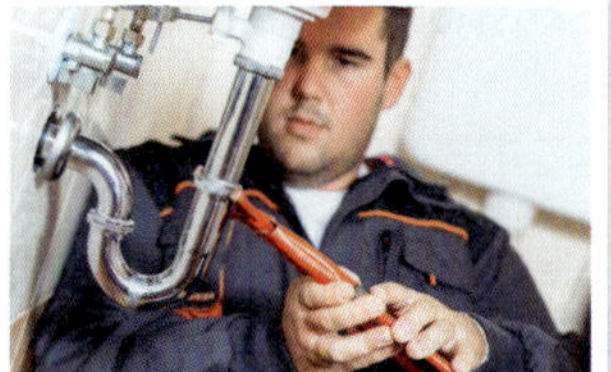

1. ______________ 2. ______________ 3. ______________

1b Im Arbeitsamt hängen unter anderem die folgenden drei Anzeigen aus. Lesen Sie die Anzeigen und vervollständigen Sie die Tabelle.

Per la nostra filiale di Perugia cerchiamo urgentemente
idraulico
responsabile e flessibile, pronto a lavorare eventualmente anche il sabato. Necessaria esperienza di lavoro di almeno un anno e patente B. Paga interessante.
* Annuncio rivolto a candidati ambosessi.

In zona Milano Fiera cercasi
elettricista
pratico e esperto. Solo persone referenziate.
* Annuncio rivolto a candidati ambosessi.

Cercasi per la nostra casa a Santa Margherita Ligure
giardiniere/a
referenziato/a. Cura del giardino, piccoli lavori di manutenzione. Due volte al mese (in primavera e in autunno anche più spesso). Se interessato/a, scrivere a: lucianocrini@mail.it

Tipo di lavoro	1. Idraulico	2. Elettricista	3. Giardiniere/a
Posto di lavoro			
Requisiti			

1c Die Aussagen 1 bis 4 fassen die Anliegen zusammen, die im Forum einer Jobbörse eingegangen sind. Welche Zusammenfassung passt zu welchem Beitrag? Ergänzen Sie die Namen.

1. ______________ vuole trovare altre persone interessate allo stesso tipo di attività.
2. ______________ ha esperienza e adesso cerca un nuovo lavoro.
3. ______________ non ha ricevuto risposte e non sa cosa fare.
4. ______________ non ha ancora una formazione e vorrebbe parlare con persone più esperte.

Sergio Vorrei frequentare un corso per diventare installatore; ho già raccolto qualche informazione online, ma preferirei contattare qualcuno che ha già frequentato un corso simile.

Diana Farò volontariato all'estero (Brasile) per un'associazione che si occupa di ambiente. Cercano ancora un paio di volontari per il periodo da marzo a giugno. Chi è interessato e desidera avere più informazioni, mi può inviare un messaggio privato.

Alex Ho fatto domanda presso diverse ditte per fare uno stage come idraulico, ma purtroppo nessuno mi risponde. Che cosa mi consigliate di fare?

Marina Ho lavorato da dicembre ad agosto come infermiera all'ospedale, dove ho sostituito una collega malata. In questo momento sto cercando lavoro in un ospedale o in una clinica privata. Chi mi sa dare informazioni utili?

1d Lesen Sie die Beiträge in Übung 1c noch einmal und überlegen Sie, an wen sich die Antwort unten links richtet. Sammeln Sie dann unten rechts die Ratschläge, die in der Nachricht enthalten sind.

Ti consiglierei di fare un po' di pratica prima, anche se non ti pagano. Così potrai dire che hai già fatto qualcosa e non sei proprio principiante. Devi avere molta pazienza! Dovresti anche cercare di contattare le persone che si occupano di trovare il personale. E soprattutto manda un curriculum completo e corretto! Ti auguro buona fortuna!

Ti consiglierei di ______________

____

____

____

____

____

____

1e Welche Ratschläge würden Sie Alex aus Ihrer Erfahrung noch geben? Schreiben Sie ihm mithilfe des Notizzettels eine private Nachricht.

- *per prima cosa: andare alla ditta e consegnare personalmente il curriculum → anche presentarsi brevemente*
- *Ø risposta → telefonare e chiedere personalmente*
- *poi parlare con conoscenti e amici e dire che cerchi lavoro: qualche volta → sorprese!*
- *prima o poi → sicuramente un lavoro*

Ciao, ho letto la tua domanda e ti vorrei dare ______________________________

____

Ti auguro buona fortuna! 🙂

I2 Sono una persona precisa e calma

2a Ordnen Sie die folgenden Begriffe rund um Ausbildung und Beruf den passenden Spalten zu (Mehrfachnennungen sind möglich).

istituto tecnico • curriculum • stage • facoltà • materie • annuncio di lavoro • pensione • istruzione • esperienza di lavoro • liceo • diplomarsi • paga • laurearsi • istituto professionale

Scuola	Università	Lavoro

2b Marina will sich auf eine Stelle als Krankenschwester bewerben und muss dafür ihre Bewerbungsunterlagen schreiben. Sie hat ihre Freundin Nora um Rat gebeten. Lesen Sie Noras E-Mail und kreuzen Sie unten an, welche Ratschläge darin vorkommen.

Ciao Marina,

secondo me nel curriculum è importante descrivere la formazione e le esperienze che hai fatto, ma anche i tuoi hobby e le tue caratteristiche personali, perché così si capirà meglio che tipo di persona sei. Per esempio, tu sei molto paziente e non perdi la testa, anche se la situazione è difficile. In un ospedale è importante! Ricorda di indicare i tre stage che hai fatto durante l'università e il tuo soggiorno a Londra... perché parli benissimo l'inglese e questo non lo sanno fare tutti. E se ti chiamano, non essere troppo timida!

Un abbraccio,

Nora

L'amica le consiglia
- ☐ di descrivere nel curriculum anche i suoi passatempi.
- ☐ di essere molto paziente.
- ☐ di parlare dei tre stage che ha fatto da studentessa.
- ☐ di scrivere il curriculum in inglese.
- ☐ di andare all'ospedale e di presentarsi.

2c Lesen Sie die E-Mail von Nora noch einmal und ergänzen Sie den Notizzettel, den sich Marina für ihre Bewerbungsunterlagen macht.

Nel curriculum non devono mancare la ______________ e le ______________, i miei ______________ e le ______________, poi ______________ fatti e il ______________ a Londra. Non devo ______________ ______________ se mi chiamano.

2d Für ihren Lebenslauf verwendet Marina eine Vorlage aus dem Internet. Ergänzen Sie die Vorlage mit den Informationen aus der folgenden Liste.

Sono una persona precisa e calma anche nelle situazioni critiche; so lavorare molto bene in team. • Infermiera presso l'Ospedale San Vincenzo (Verona) / Reparto: Cardiologia • Diploma presso il Liceo Scientifico Galilei di Verona • 21.03.1997 • Italiano: madrelingua; inglese: C1, scritto: B2; francese: A2 • Ho la patente B. • Buone conoscenze dei programmi Microsoft® Word e Excel • Laurea in Scienze infermieristiche (Università degli Studi di Padova)

MARINA ROSSI

Data di nascita: ______________

Indirizzo: Via Fava 15, Verona

Telefono (cellulare): 1229859350

Indirizzo e-mail: marinaro@mail.it

Carica qui la tua foto!

Istruzione

2017–2019 ______________________________

____

2016 ______________________________

Esperienza di lavoro

Dicembre 2019 – ______________________________

Agosto 2020 ______________________________

Lingue ______________________________

____

Conoscenze informatiche ______________________________

____

Altre informazioni 3 stage durante la formazione universitaria

____

____

2e Marina hat auch schon einen Teil ihres Bewerbungsschreibens fertig. Machen Sie nun mithilfe der Notizen weiter.

Liceo Scientifico Galilei / Verona e poi laureata in Scienze infermieristiche / Università di Padova.
Prime esperienze: durante lo studio → Londra, stage due mesi in una clinica privata – migliorato / parlo molto bene l'inglese.

Poi: Ospedale San Vincenzo / Verona: altri due stage di tre mesi.
Laurea e poi subito lavoro come infermiera, stesso ospedale (sostituito collega malata fino ad agosto).
io → candidata perfetta: imparare molto velocemente, ☺ in team, calma e precisa anche in situazioni critiche

Egregio Dr. Brendani,

ho letto con grande interesse l'annuncio sul sito web dell'Ospedale e mi vorrei presentare brevemente.

Ho frequentato ______________________________

____

____

____

____

____

____

____

____

____

____

____

____

Sarei molto felice di poter avere un colloquio personale: Le invio il mio curriculum con tutte le informazioni.

Spero di ricevere presto una risposta e La ringrazio per l'attenzione.

Cordiali saluti,

Marina Rossi

I3 Volevo guadagnare qualcosa...

3a Saverio ist Journalist und hat den Schauspieler Giò Amerio interviewt. Bringen Sie das Interview in die richtige Reihenfolge, indem Sie die Antworten rechts mit den passenden Fragen links verbinden.

1. *Giò, ci racconti: com'è diventato attore di teatro? Ha frequentato una scuola?*
2. *Come scusi? Non ho capito...*
3. *E recitava già?*
4. *Faceva moltissime cose durante l'università! Ha continuato gli studi?*
5. *E poi?*
6. *Veramente? I nostri lettori non mi crederanno quando lo scriverò... E per quanto tempo ha lavorato come elettricista?*

Che storia interessante!

a. Solo un poco, per hobby, con un gruppo di studenti della mia facoltà...

b. E poi ho cercato e trovato lavoro in teatro... come elettricista. Ho cominciato nel settembre del 2015. Avevo una buona paga. Come attore o come insegnante, invece, non mi voleva nessuno! Ho presentato tante domande, ma nessuno mi ha risposto.

c. Per circa tre anni, fino al gennaio del 2018. Poi una sera ho avuto fortuna: l'attore principale si è ammalato improvvisamente. Allora io, che sapevo a memoria i dialoghi del personaggio principale, ho recitato tutto un dialogo al regista... Gli sono piaciuto e da quel momento ho cambiato lavoro e sono diventato attore di teatro.

d. No, ho iniziato per caso. Ma non come attore, come elettricista!

e. Sì, ho continuato a studiare, ma lentamente. Come elettricista ero bravo e ho fatto la formazione fino alla fine. Mi sono laureato nel 2014, un po' in ritardo...

f. Ha capito benissimo! Il mio primo lavoro è stato al Teatro Comunale... come elettricista! Mi sono sempre piaciuti i lavori manuali, ho imparato da ragazzo con mio padre, che era installatore; ancora oggi so fare tutte le piccole riparazioni in casa. Ma per me era solo un hobby. Poi mi sono iscritto all'università, alla facoltà di Scienze della Comunicazione, ma ero sempre senza soldi, così ho avuto l'idea di fare una formazione per diventare elettricista, perché volevo guadagnare qualcosa...

3b **Für die gleiche Zeitschrift muss Saverio auch einen kurzen Steckbrief über Giò Amerio anfertigen. Seine Katze ist aber quer über die Tastatur gelaufen und jetzt fehlen Teile des Textes. Bringen Sie das mithilfe der folgenden Wortliste wieder in Ordnung.**

sostituire • elettricista • lavori manuali • lavorare • si laurea • l'università • fino al • recita • formazione

Da ragazzo si diverte con piccole riparazioni e ____________________. Frequenta ____________________ e allo stesso tempo fa una ____________________ come elettricista. Nel tempo libero ____________________ con un gruppo di studenti della sua facoltà. Nel 2014 finisce l'università e ____________________. Inizia però a ____________________ come ____________________ al Teatro Comunale nel 2015. Lavora per tre anni, ____________________ 2018, poi a un certo punto ha la possibilità di ____________________ un attore malato in uno spettacolo. Da quel momento non si ferma più.

3c **Sie sollen als Hausaufgabe für den nächsten Italienischunterricht ein Interview lesen. Ihr Kollege Matthias hat den folgenden Abschnitt nicht ganz verstanden und wendet sich an Sie. Lesen Sie die Textpassage (mehrmals) aufmerksam und beantworten Sie dann seine Fragen auf Seite 94.**

«Mio padre Oliviero è nato e vissuto nelle Marche, a Urbino, e ha sempre avuto un grande amore per l'arte e soprattutto per la pittura e l'architettura. Mia nonna racconta che suo figlio era uno dei pochi bambini che andavano volentieri al museo e in teatro! Dopo il liceo voleva andare all'università... e invece ha subito dovuto cercare un lavoro perché è diventato papà: mio fratello Giorgio è arrivato veramente molto presto! Per dieci anni nostro padre ha lavorato come segretario alla Galleria Nazionale. Poi a trentadue anni ha deciso di cambiare: si è iscritto all'università, alla facoltà di Storia dell'arte. Per vivere faceva il cameriere: dopo le lezioni correva al ristorante e tornava a casa tardissimo, praticamente non lo vedevamo mai. Si è laureato nel 1966 e non so esattamente quando, ma pochi mesi dopo la laurea, ha cominciato a insegnare Storia dell'arte al liceo. Era un professore amatissimo, i suoi studenti ancora oggi lo vengono a trovare».

I

Senti, ho capito bene: la nonna andava volentieri con il bambino al museo?

No, non lei, ______________________________

____

Non ho capito: perché non si è iscritto subito all'università?

Ci voleva andare, ma ______________________________

____

Ma perché i figli non lo vedevano mai?

Non lo vedevano mai perché ______________________________

____

Quando è diventato professore?

L'autore non sa ______________________________

____

3d Inspiriert von dem Bericht über das Leben von Oliviero (Seite 93 unten) sollen Sie für Ihren Italienischkurs nun ebenfalls über das Leben einer Verwandten oder eines Verwandten berichten. Sie möchten über Ihre Oma Marie schreiben und haben sich schon einen Text auf Deutsch überlegt. Übersetzen Sie ihn nun.

Meine Oma Marie stammte aus Frankfurt, aber sie hat immer in München gelebt. Sie war eine extrovertierte Frau mit einer großen Liebe für die Natur. Sie unterrichtete Deutsch und Erdkunde in einer Fachoberschule (= istituto tecnico), aber sie hat zu arbeiten aufgehört, als ihre Kinder geboren wurden. Es waren damals andere Zeiten! Sie arbeitete auch ehrenamtlich (= fare volontariato) für eine Organisation, die sich mit der Umwelt befasste. Von ihr habe ich viel über die Natur, die Wälder und die Tiere gelernt!

L

Lösungen

A Che programmi hai?

A1 Ho imparato veramente molto

1a Corso buono, organizzazione così così

1b 1. vero; 2. falso; 3. falso; 4. vero; 5. falso

1c 1. Sito web; 2. si può ancora migliorare.; 3. sono giuste così.; 4. è alto.; 5. sono molto migliorate.; 6. sì

1d

Felix	Esther
gli insegnanti non (ci) hanno dato informazioni chiare / abbastanza caotico	attività del tempo libero organizzate bene
ho imparato veramente molto	non ho imparato molto
la scuola ha organizzato bene i materiali	i materiali non mi sono piaciuti molto
penso di iscrivermi anche il prossimo anno	la prossima volta cercherò un'altra scuola

1e **Mögliche Lösung**
(Scuola / Corso:) Ho appena finito il corso intensivo di italiano alla scuola «Amelia». *(Valutazione globale:)* È un corso buono, ma un po' caotico. *(Mi è piaciuto molto:)* Mi è piaciuta molto la mia insegnante: brava, preparata, ho imparato veramente molto. Anche i materiali della scuola sono buoni. *(Non mi è piaciuto molto:)* Non mi è piaciuta molto l'organizzazione. La scuola non ci ha dato informazioni chiare. *(Penso di iscrivermi di nuovo a un corso:)* Però penso di iscrivermi anche il prossimo anno, perché qui si impara bene l'italiano!

A2 Ho letto il Vostro dépliant...

2a
A: In caso di interesse, contattare la segreteria.
B: Offriamo corsi individuali.
C: La scuola offre ai suoi studenti la possibilità di alloggiare e pernottare presso B&B convenzionati a prezzo scontato.
D: I nostri studenti possono [...] visitare siti di interesse storico e archeologico.

2b **Mögliche Lösung**
2. C'è un test all'inizio? / Qual è il corso giusto per me?
3. Posso / È possibile cambiare corso se è troppo facile / difficile?
4. Ci sono attività per il tempo libero ogni giorno / tutti i giorni / tutti i pomeriggi?
5. Vorrei pernottare in un B&B a prezzo scontato. Avete una lista? / Mi potete mandare una lista?

2c **Mögliche Lösung**
Buongiorno,
ho letto il Vostro dépliant e mi interessa il corso A2, ma vorrei (avere) ancora delle informazioni. Quanto (tempo) dura il corso? Fino a quando mi posso iscrivere? / Fino a quando è possibile fare l'iscrizione / iscriversi?
A lezione si impara solo / molta grammatica o ci sono anche giochi e ripetizioni? / A lezione gli insegnanti fanno / insegnano solo / molta grammatica o fanno / organizzano anche giochi e ripetizioni?
Ancora una domanda: mi interessa (molto) la storia e vorrei sapere se ci sono corsi speciali.
Grazie e cordiali saluti,
...

A3 Come passi il tempo libero?

3a A Napoli artistica
B In Barbagia, nel cuore della Sardegna
C Friuli sconosciuto

3b (II) Friuli, perché a Ida piace passare il tempo all'aperto, per lei è importante la tranquillità e le piacciono i vini italiani.

3c Interessen: mi interessa, mi interessano
Vorlieben: preferisco, mi piace, mi piacciono

3d *Ihre persönlichen Angaben.*

A4 Troveremo un momento...

4a
- ● Ciao Franca, come va? Sto facendo piani per le vacanze. In settembre frequenterò un corso di lingua ad Ancona, così finalmente vedrò la tua città e la regione. So che in settembre tutte e due non avremo molto tempo, ma forse troveremo un momento per incontrarci!
- ■ Ciao Heike, che bello, finalmente verrai qui!! Ci vedremo sicuramente. Ancona e i dintorni ti piaceranno molto. Fino a quando resterai qui?
- ● Fino al 15.
- ■ Perfetto! 🙂 Sono molto contenta. Ti chiamerò con calma questo pomeriggio, ora sto correndo in lavanderia perché ho dimenticato lì l'impermeabile.
- ● Ok, ma dopo le 18:00. Oggi dovremo presentare un progetto importante e finiremo più tardi.

4b **Heike**
In settembre: frequenterà un corso di lingua ad Ancona, vedrà la città di Franca, non avrà molto tempo, troverà un momento per incontrarsi con Franca, resterà (ad Ancona) fino al 15

Oggi: presenterà un progetto importante, finirà (il lavoro) più tardi

Franca
In settembre: non avrà molto tempo, troverà un momento per incontrarsi con l'amica / vedrà sicuramente l'amica

Oggi: chiamerà Heike nel pomeriggio

4c **Mögliche Lösung**
Fra le 15:00 e le 17:00 Franca comprerà uno zaino per Paolo e chiamerà il dentista per fissare un appuntamento / e fisserà un appuntamento dal dentista. Alle 17:15 andrà dal parrucchiere e dopo le 18:00 telefonerà a Heike. Alle 19:30 cenerà con i colleghi al ristorante «Al Gambero».

4d 1. Ad Ancona Heike e Franca visiteranno / vedranno l'Arco di Traiano, 2. mangeranno le tipiche olive ascolane, 3. prenderanno / berranno un caffè insieme al «Caffè del Porto», 4. visiteranno il Parco del Conero e lì andranno alla spiaggia e faranno il bagno / andranno al mare al Parco del Conero.

B L'offerta è grande

B1 La giacca è troppo stretta

1a

1b Anna, perché non guardi nel mio armadio? Potresti indossare i pantaloni lunghi di seta neri con la giacca a righe. E sotto puoi mettere una maglietta chiara. Se vuoi, puoi prendere anche la mia borsa nera, quella nuova di pelle. Hai dei sandali scuri? I miei purtroppo non vanno bene, per te sono troppo grandi... Ciao, Irene

1c **I problemi di Anna:** Non sa se va bene la giacca.

La taglia più grande non c'è / manca. Non c'è la taglia più grande.
Le altre giacche hanno dei bottoni grandi e ad Anna non piacciono.
C'è una giacca blu, ma secondo lei è meno bella.

Secondo Irene Anna dovrebbe / potrebbe... provare una taglia più grande, in / di un altro colore, con le tasche. Dovrebbe provare anche la giacca blu e chiedere di che materiale è. Poi le potrebbe mandare una foto.

1d Non è un po' troppo stretta?
Non mi piace tanto il colore.
Perché non provi una taglia più grande?
La dovresti provare!
Mi potresti mandare la foto.

1e **Mögliche Lösung**
- ● Ti piace questa gonna?
- ■ Non molto. Non mi piace tanto il colore, è troppo scuro. E poi questa gonna non è un po' troppo larga per te? Che taglia è?
- ● È una 44.
- ■ C'è una taglia più piccola? Perché non cerchi una gonna più chiara e più stretta?
- ● C'è una gonna in vetrina così.
- ■ Di che materiale è?
- ● Cotone, credo... Devo chiedere alla commessa.
- ■ Perché non la provi? / La dovresti provare! Poi mi potresti mandare un'altra foto.

B2 Ti ricordi quel vestito?

2a In questa pagina web si scambiano vestiti usati.
Il vestito è ancora come nuovo.
In questa pagina web non si usano i soldi.

2b **Mögliche Lösung**
Offro un impermeabile adatto per la mezza stagione / per la primavera, taglia 44, di cotone e materiale sintetico e di qualità molto buona / ottima. L'ho usato solo una volta (per andare) a una festa. Lo scambio / Lo voglio scambiare perché per me i colori sono troppo freddi e non sono adatti. Cerco un (altro) impermeabile o una giacca, se possibile di colore marrone o rosso.

B3 Scambio vecchia lavastoviglie

3a **soggiorno:** poltrona, divano con pouf, tavolino, tappeto, scaffali
cucina: fornello, lavandino, tavolo con sedie
bagno: WC, lavandino, vasca, specchio
camera da letto: letto matrimoniale con comodini, cuscini, coperta, lampade, cabina-armadio

3b **Mögliche Lösung**
In soggiorno, fra le due finestre, ci sono un divano con due pouf e una poltrona. In mezzo c'è un tavolino e (sotto c'è) un tappeto verde. Ci sono anche degli scaffali. In cucina ci sono il fornello e il lavandino. Sotto la finestra / Vicino alla finestra c'è un tavolo con le sedie. In bagno c'è un lavandino con uno specchio, una / la vasca e il WC. In camera da letto c'è un letto matrimoniale (con cuscini e coperta grigi) con i comodini. Vicino al letto c'è una cabina-armadio.

3c A – 2 B – 1 C – 3

3d **Mögliche Lösung**
Offerta B: Con il fornello e il forno c'è una pentola o una padella in regalo / regalano o una pentola o una padella.

Offerta C: Se compro un frigorifero con il freezer, avrò / c'è uno sconto del 10% sul prossimo elettrodomestico / il prossimo elettrodomestico ha uno sconto del 10%.

3e **Mögliche Lösung**
Ciao Paolo, proprio stamattina ho visto un'offerta di un negozio online: non-solo-frigo.it. Se compri un frigorifero con il freezer, avrai uno sconto del 10% sul prossimo elettrodomestico.

B4 I gusti oggi sono diversi

4a
1. era un hobby. Oggi però tanti uomini e donne scelgono la cucina per rilassarsi. Cucinare è diventato un hobby
2. mondo del lavoro è cambiato. Un tempo
3. dell'appartamento al lavoro diventa quindi una necessità. Scrivania, sedia, computer e, se c'è lo spazio, anche una comoda
4. Anche i gusti per la camera da letto e per il bagno oggi sono diversi. Fino a pochi anni fa si sceglievano
5. meno chiari e più vivaci. E la camera da letto può anche ospitare un
6. docce hanno forme semplici e chiare e sono sempre più tecnologici.

4b
1. Gli acquisti di forni, pentole e piccoli elettrodomestici da cucina sono aumentati perché cucinare oggi è un hobby amatissimo / perché molti uomini e donne amano cucinare.
2. Un tempo si lavorava soprattutto fuori casa. Oggi invece sempre più italiani possono – o devono – lavorare da casa.
3. Adesso si preferiscono colori meno chiari e più vivaci. In camera da letto qualche volta c'è / si trova un angolo con una piccola scrivania e un paio di scaffali per lavorare. In bagno (i) lavandini e (le) docce hanno forme semplici e chiare e sono sempre più tecnologici.

4c **Mögliche Lösung**

Negli anni '50 si lavorava solo in ufficio, in fabbrica... e non si lavorava da casa. Oggi invece si lavora sempre più anche da casa. Molte donne restavano / erano a casa e si occupavano della famiglia, oggi invece molte più donne lavorano / vanno al lavoro. C'erano / Si facevano più figli, oggi ci sono / nascono meno bambini. Soprattutto non esistevano / non c'erano (ancora) cellulare e computer; oggi invece si comunica attraverso Internet.

C Dove andiamo?

C1 Il viaggio mi interessa molto

1a **Quando:** dall'8 (luglio) al 12 luglio / da lunedì 8 luglio a venerdì 12 luglio

Inizio e fine del viaggio: partenza lunedì 8, Matera, Via Volta 5, ore 9:00; arrivo venerdì sera (12/7), Matera Stazione Centrale, ore 19:15

Città visitate / giorni:
Matera / da lunedì fino a mercoledì mattina
Altamura / mercoledì fino a giovedì pomeriggio
Bari / giovedì pomeriggio fino a venerdì sera

Prezzo: € 420 a persona

1b 1. vero; 2. falso; 3. falso; 4. vero; 5. vero

1c È interessata, ma vuole avere ancora delle informazioni.

1d **Mögliche Lösung**

Gentili Signore e Signori,
ho visto sul Vostro sito il viaggio "Fra la Basilicata e la Puglia". Mi interessa molto e lo vorrei prenotare, ma prima ho ancora delle domande.
1. Arriverò a Matera in auto / con l'auto / in macchina / con la macchina domenica. (Domenica arriverò a...) Mi potreste consigliare un parcheggio lì vicino dove (posso) parcheggiare la mia macchina / la mia auto per cinque giorni?
2. Colazioni, pranzi e cene sono inclusi / compresi nel prezzo o li devo pagare / devo pagarli extra / a parte?
3. Dove pernotteremo (in un hotel / in un B&B)?

Cordiali saluti (e grazie),
...

C2 Fa caldissimo

2a c'è stato un temporale fortissimo, con fulmini, tuoni (e tanta pioggia)

2b
1. Dalla serata di lunedì *neve* a partire dai 400 metri. Possibilità di *ghiaccio* sulle strade nelle ore notturne.
2. Da domani sole e *cielo sereno*. *Nuvole* solo sulla costa. In montagna temperature intorno ai 18 gradi, con possibilità di *temporali* nelle ore notturne.
3. Nel fine settimana temperatura massima di 13 gradi con *vento* e *piogge* anche intense.

2c **Mögliche Lösung**
Il viaggio è molto bello / bellissimo, ma fa molto caldo / caldissimo. Stanotte c'è stato un temporale molto forte / fortissimo, perciò / quindi ho dormito male. Adesso sto bevendo un caffè a letto. Oggi il viaggio continua / Oggi continuiamo il viaggio, ma a me piacerebbe / ma io preferirei restare a letto!

C3 Biglietto urbano singolo

3a Mimmo (perché i biglietti sono solo urbani).

3b
1. Sulla Carta ci sono 10 biglietti urbani.
2. Un biglietto dura 70 minuti.
3. Si compra la CartaPerTe nelle tabaccherie, nei bar o negli altri negozi con il simbolo "CartaPerTe". Costa € 13,50.
4. Sull'autobus si deve mettere la Carta davanti allo scanner e aspettare la luce verde e il suono.
5. Significa che la Carta è vuota o che il biglietto non è valido.

3c Abbonamento...
di una settimana: *settimanale*
di un mese: *mensile*
di un anno: *annuale*

Biglietto valido...
per un giorno: *giornaliero*
solo per la città: *urbano*
per gruppi: *per comitive*

3d
2. Biglietto giornaliero per comitive / CartaPerTe + riduzione del 10% in tutti i musei della città
3. biglietto giornaliero urbano singolo

C4 Sceglierei sempre...

4a Der Beitrag von **Linda** passt nicht.

Die Frage lautet: Da soli o accompagnati?

4b Vorrei fare un viaggio di tre settimane attraverso l'Irlanda, ma preferirei un viaggio organizzato, perché così potrei conoscere persone nuove.

4c **Wünsche:** mi piacerebbe, vorremmo andare in Portogallo, vorrei fare un viaggio, preferirei un viaggio organizzato

Vermutungen / Möglichkeiten: non ci sentiremmo sicuri, non ci andremmo mai da soli, non avremmo nessun problema, li prenderemmo più spesso, mi annoierei, non mi sentirei libera, potrei conoscere persone nuove

4d
1. Vincenzo *preferirebbe visitare* un museo, ma sua figlia *si annoierebbe*.
2. Marco *vorrebbe rilassarsi* con un libro, ma probabilmente *si addormenterebbe* subito.
3. Le *piacerebbe organizzare* una cena, ma come sempre nessuno *l'aiuterebbe*.
4. Noi due *partiremmo* subito per la Sicilia, ma prima *dovremmo trovare* un albergo libero.

4e **Mögliche Lösung**
Buongiorno,
vorrei prenotare due settimane in Toscana con la Vostra agenzia. Mi piacerebbe passare una settimana al mare e una in una città d'arte (ma non a Firenze, perché conosco già bene la città / la conosco già bene).
Se possibile, preferirei prenotare all'inizio di settembre, perché agosto / in agosto per me potrebbe essere ancora troppo caldo.
Vorrei / Preferirei pernottare e mangiare in B&B o in alberghi più piccoli, perché non mi piacciono gli hotel grandi e pieni di gente e non mi riposerei per niente.
Potete mandare le Vostre offerte a questo indirizzo mail o mi potete contattare /

telefonare al numero ...
Grazie e cordiali saluti,
...

D Sto bene così

D1 Non ti preoccupare!

1a Der Titel *Amici della natura* passt nicht.

1b
1. È un gruppo aperto a tutti, anche ai "principianti".
2. Il benessere e la salute.
3. Si discutono le domande e i dubbi su questi temi; interessano le esperienze e i consigli di ogni persona.
4. (Si dovrebbe partecipare) attivamente con le ricette e le regole che si seguono per avere una vita più sana.

1c **Idee e commenti di altre persone:** sii pronto ad ascoltare le idee degli altri e rispondi gentilmente, anche se non sei d'accordo.
Domande / messaggi e materiali: fa' domande e manda messaggi e materiali adatti ai nostri temi.
Pubblicità: non inviare pubblicità.
Foto da Internet: non usare foto che hai trovato in Internet.

1d Adesso è *in vacanza in Puglia a casa dei suoi suoceri / dai suoi suoceri*, ma sta *mangiando troppo e facendo poco sport / poco movimento / e si muove poco*, perché *fa molto caldo / di giorno ci sono quasi 40 gradi e non si può andare in spiaggia*, perciò vuole *(avere) dei consigli per quando tornerà / sarà a casa*.

1e **Um sie zu beruhigen:** non ti preoccupare; sta' tranquilla; abbi pazienza

Praktische Tipps: scrivi un piano settimanale; decidi quanto tempo hai per lo sport e che cosa mangiare; fissa dei giorni per fare movimento, fare la spesa; segui questo piano con attenzione

1f **Mögliche Lösung**
Buongiorno Loretta,
non ti preoccupare e sta' tranquilla. Adesso sei in ferie, quindi passa bene le vacanze. Al ritorno mangia / compra / cucina / prepara cibi sani, per esempio verdura e frutta. Fissa due appuntamenti alla settimana per lo sport e esci regolarmente con amici per una passeggiata. Hai un cane? Benissimo, va' fuori con lui. Solo abbi pazienza!

D2 Mangio meno carne

2a
1. allenarsi all'aperto
2. salire le scale a piedi
3. giocare a pallavolo
4. fare giardinaggio

2b Prima mangiava più carne e meno verdura e non si sentiva molto bene. Lavorava molto, ma non faceva (delle) pause quando era stanco. Fumava e restava per ore sul divano davanti alla televisione per dimenticare lo stress. Non si dedicava a nessun hobby. / Non aveva nessun hobby.

2c
2. Prima soffrivo di pressione alta, adesso ho la pressione normale.
3. Prima prendevo sempre l'ascensore, adesso salgo e scendo le scale a piedi.
4. Prima stavo troppo seduto, adesso mi alleno regolarmente.
5. Prima fumavo trenta sigarette al giorno, adesso ho smesso di fumare.

2d Cerca un hobby divertente. Mangia poca cioccolata. / Non mangiare (troppa) cioccolata. Va' regolarmente in vacanza. Dormi almeno 7 ore.

2e Per Elio è adatta la seconda app, perché è per tutti (anche per chi ha cominciato da poco – come Elio – a fare sport e movimento).
La prima app è per i bambini, la terza è per le persone che ancora fumano (ma Elio ha smesso).

D3 Mi ha dato delle pastiglie

3a Das linke Foto passt.

3b mettere una pomata contro il mal di schiena • non prendere freddo • ~~usare delle gocce per bocca contro il mal di gola~~ • ~~fare un test per le allergie~~ • fare un bagno caldo • ~~prendere uno sciroppo per la tosse~~ • prendere delle pastiglie contro il dolore

Metti una pomata contro il mal di schiena.
Non prendere freddo.
Fa' un bagno caldo.
Prendi delle pastiglie contro il dolore.

3c

1. collo	2. schiena	3. ginocchio
4. orecchi	5. dita	6. spalle
7. denti	8. occhi	

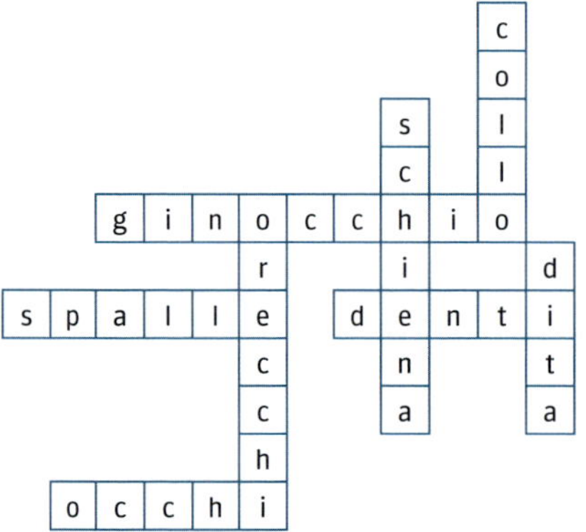

3d
- ● Allora? Cosa ti ha detto il dottore?
- ■ Che non *è niente*, è un problema *che passa presto*. Mi ha dato delle pastiglie.
- ● Quante ne devi prendere?
- ■ *Ne* devo prendere due *al giorno*, una alla mattina e una alla sera, dopo i pasti. *Ne ho presa* una ieri sera e *stamattina* mi sembra già di *stare meglio*.

D4 Allegra e un po' timida

4a In questa app le persone possono cercare / trovare altra gente / altre persone / nuovi amici per passare insieme il tempo libero. / per dedicarsi allo stesso hobby / sport o per fare qualcosa insieme.

4b **Alessandra:** allegra e un po' timida
Luciana: estroversa e attiva, ma un po' pigra
Roberto: calmo e molto sportivo
Il cane di Michele: nervoso e triste

allegro ≠ triste
estroverso ≠ timido
attivo ≠ pigro (calmo)
sportivo ≠ pigro
calmo ≠ nervoso

4c **Sport:** (fare) escursioni, (fare) trekking, (fare) alpinismo, (andare in) canoa; in Kapitel D außerdem: allenarsi all'aperto, giocare a pallavolo, fare jogging

Hobby: cucinare ("la passione dei fornelli"), cucire, disegnare, fare passeggiate nel verde / nella natura; in Kapitel D außerdem: fare giardinaggio

4d **Mögliche Lösung**
Florian, 24 anni, estroverso e attivo, amo la musica Heavy Metal ma ascolto volentieri anche la musica classica. Suono il piano e la chitarra elettrica e cerco altri giovani / ragazzi e ragazze con la passione della musica, perché sto per formare una band, ma manca ancora gente. Sono libero solo il martedì e nei fine settimana. Sei interessato/a?

E Un paesaggio meraviglioso

E1 Hai tutti i documenti?

1a

1 – c / d	2 – c / d	3 – e
4 – a	5 – b	

1b **Il problema:** Eva deve partire per l'Inghilterra, ma non ha controllato i documenti: la sua carta d'identità non è valida. E neanche il passaporto / Anche il suo passaporto non è valido.

La proposta di Irene: Eva deve andare al Comune con tre fotografie, spiegare il suo problema e chiedere una carta d'identità nuova.

1c **Irene:** Profilo A; **Eva:** Profilo C
(Irene si prepara perfettamente, si informa e organizza ogni dettaglio e tutte le tappe del viaggio. La sua valigia è pronta da una settimana, se c'è un problema diventa attivissima.
Eva non prepara il viaggio, c'è sempre un amico / un'amica o l'agenzia di viaggio che si occupa di tutto; prepara la valigia all'ultimo momento, dimentica cose, se c'è un problema non si preoccupa molto.)

1d 1 – 2 – 4 – 5

1e
8. Non portate con voi troppi soldi, potete pagare con la carta di credito.
9. Fate una lista delle medicine che vorreste avere con voi.
10. Non dimenticate di mettere anche un ombrello in valigia!
11. Comunicate l'indirizzo dell'albergo / dell'hotel in cui pernottate a un / una parente o a un amico / un'amica.

E2 Ci potete arrivare per mare

2a/b
1. È un arcipelago di *7* isole vicino *alla Sicilia*.
2. L'arcipelago ha la forma di una *ipsilon*.
3. Il centro principale è *Lipari*.
4. Quando non ci sono nuvole o nebbia si vedono le isole anche dalle coste *della Sicilia*.
5. *Le macchine, le moto e le biciclette* non possono girare sull'isola di Alicudi.

2c **Paesaggio e natura:** mare cristallino, natura splendida, aria pulita, vulcani attivi, spiaggia di sabbia nera *(isola di Vulcano)*.

Centri conosciuti: (Lipari,) Leni, Malfa e Santa Maria Salina.

Quando andarci: il periodo ideale è la primavera, quando il clima è piacevole e la temperatura non è troppo alta.

Come andarci: per mare con traghetto o un aliscafo dai porti di Milazzo, Reggio Calabria, Napoli o Palermo (l'arcipelago non ha un aeroporto).

Che cosa fare: si possono fare gite in barca, escursioni sui due vulcani attivi (Stromboli e Vulcano), immersioni e camminate, si può prendere il sole in spiaggia.

2d 1 – C   2 – A   3 – D
(Antwort B passt zu keiner Frage.)

2e **Mögliche Lösung**
Siamo partiti da Lipari per Alicudi con l'aliscafo il 3 maggio e (siamo) ritornati il 10. Abbiamo alloggiato alla «Casa del Vulcano», un posto molto pulito e curato, ma non è stato facile arrivarci / arrivare alla casa, perché ci sono molte scale. A Alicudi si va solo a piedi!
È stata un'esperienza splendida, perché l'isola è bellissima ed è ideale per il trekking / per fare trekking.
Attenzione: a Alicudi non ci sono banche, bancomat e farmacie, quindi prima del viaggio controllate i soldi / di avere con voi abbastanza soldi / se avete abbastanza soldi / e le medicine.
Per le gite sono necessarie (le) scarpe da montagna e dell'acqua. Le strade in montagna sono molto pesanti, soprattutto sotto il sole!

E3 Le stanze sono molto luminose

3a lavastoviglie, elettricità, pulizia finale, riscaldamento, climatizzatore, biancheria da letto, lavatrice, biancheria da bagno, giardino
Die Begriffe gehören zu: casa vacanza.

3b Elda interessiert sich für Unterkunft 3.
(Unterkunft 1 scheidet aus, weil hier keine Haustiere erlaubt sind.)

3c zentrale Lage = *posizione centrale*; Schlafplatz = *posto letto*; Parkplatz = *posto auto*; Hausbesitzer = *i proprietari (della casa)*; Haustiere = *animali domestici*; Entfernung = *distanza*; geeignet für = *adatto per*

3d non si faccia problemi, mi scriva (una e-mail), chiami (il numero...), chieda di...

3e 1 poltrone, 4 libreria, 2 tavolo, 3 sedie, 5 armadio (per i vestiti), 6 scaffale

3f 1 – d 2 – e 3 – c
4 – b 5 – a

3g **Mögliche Lösung**
Gentile Signora Bencina,
ho visto il Suo / Vostro catalogo, ma purtroppo non ho trovato un appartamento adatto per me e la mia famiglia. Potrebbe aiutarmi?
Cerco / Cerchiamo un appartamento con due camere / con due stanze (con letti matrimoniali o letti singoli, non divano letto!) per quattro persone, con lavatrice, lavastoviglie e climatizzatore dal 18 agosto per due settimane. La posizione dovrebbe essere centrale, ma silenziosa / tranquilla. È necessario un posto auto.
Se ha domande, mi scriva per favore una e-mail o mi telefoni al numero 00...
Grazie mille!
Cordiali saluti,
...

F In treno o in macchina?

F1 Hai comprato i biglietti?

1a
1. Benvenuto sul nostro sito!
2. Offerte speciali per comitive
3. Troppo tardi?
4. Tutto compreso

1b
1. Trasporto animali domestici
2. Servizio bus sostitutivo
3. Viaggiare con bici al seguito
4. Deposito bagagli
5. Ristorazione a bordo

1c Laura: Link № 1
Leo: Link № 4
Gianni: Link № 2
Vera e Maria: Link № 3
Michele: Link № 5

1d **Mögliche Lösung**
Emma vuole andare a Bologna in treno, o con il regionale o con il Frecciarossa, perché in autostrada c'è molto traffico e ci sono sempre code.

Pietro vuole andare a Bologna in auto e non in treno perché le sue esperienze con i treni non sono buone / perché l'altra settimana un treno regionale ha fatto ritardo e l'ultima volta (anche) il Frecciarossa ha avuto un problema.

1e 1. vero; 2. falso; 3. vero; 4. vero

1f **Vorschläge machen:** *Che ne diresti di* partire con il Frecciarossa? *Potremmo* visitare *anche* la mostra a Palazzo Fava.

Sich vergewissern, ob jemand einverstanden ist: Ti andrebbe bene?

1g
- ● Ciao Franco! Allora, andiamo in montagna questo weekend?
- ■ Sì, volentieri! Hai già controllato l'orario dei treni?
- ● Veramente no. Ho pensato che possiamo andare in auto.
- ■ Con l'auto nel weekend / nel fine settimana?! L'ultima volta ho / abbiamo dovuto passare un'ora in coda per un incidente. / L'ultima volta per un incidente ho / abbiamo dovuto passare un'ora in coda.
- ● Ma se partiamo presto, non ci sono problemi.
- ■ No, veramente meglio in treno!
- ● Ok, come preferisci... E che facciamo? Di nuovo una camminata?
- ■ Che ne diresti di portare (con noi) le bici(clette), di scendere a Tarvisio e di fare il tour fino a Camporosso? Potremmo dormire / pernottare in un B&B in paese / del paese. Ti andrebbe bene?

F2 Traffico intenso e code

2a B – 1 A – 2 D – 3
E – 4 C – 5

2b 1. Il (loro) viaggio comincia male, perché ci sono code e traffico intenso per piogge e temporali sull'(autostrada) A1.
2. Manuela propone di scrivere agli amici e di partire domani.
3. Filippo ha già mandato a Alice e Roberto molti / un sacco di messaggi ma loro non gli hanno risposto.
4. Secondo Filippo gli amici non rispondono perché non hanno visto i messaggi o forse perché hanno il cellulare spento.

2c 2. Decidono di non incontrarsi al casello dell'autostrada (perché c'è sempre caos.)
3. Decidono di incontrarsi all'area di servizio Arno Ovest.
4. Decidono di non aspettare nel parcheggio perché in questo periodo fa troppo caldo.
5. Decidono di incontrarsi al bar e di prendere un caffè e uno spuntino.
6. Decidono di non pranzare perché a Manuela e Filippo non va di viaggiare con la pancia piena.

2d 1. Certo, va benissimo. / Sì, buona idea!
2. Che sorpresa!
3. Vi va di... *(+ Verb im Infinitiv)*
4. No grazie, non ci va di... *(+ Verb im Infinitiv)*

2e Ciao a tutti, purtroppo non ci possiamo incontrare all'area di servizio perché è chiusa per lavori fino al 15 settembre. Vi va di venire da me verso le 9:00? Facciamo colazione insieme e poi partiamo. Secondo me è una soluzione più pratica. Siamo in vacanza e non abbiamo fretta. 🙂

2f **Manuela:** Va benissimo! Porto i cornetti per tutti.

Alice: Si, buona idea, così partiamo insieme e ci divertiamo di più!

Roberto: Certo! Però ci potremmo vedere alle 8:00? Non mi va di partire troppo tardi.

F3 Abbiamo sbagliato strada

3a/b 2. Il ragazzo ha preso la strada sbagliata, però così ha trovato una trattoria tipica.

Dazu passt:
... nella foto si vede Roberto che sta leggendo la carta senza molti risultati... Adesso stiamo finendo la giornata in una trattoria meravigliosa. Vi metto la foto della zuppa che stiamo mangiando.

3c 2. Stanno fotografando.
3. Si stanno riposando / Stanno riposandosi e stanno prendendo il sole.
4. Stanno facendo benzina.
5. Stanno tornando a casa.

3d **Gelbe Markierung:** siamo partiti, abbiamo avuto (un problema), abbiamo deciso, siamo usciti, abbiamo dovuto usare, abbiamo preso, è arrivato, abbiamo domandato, ha consigliato

Grüne Markierung: non funzionava, faceva caldo, eravamo nervosi, non era buona, era gentilissimo

3e Linke Spalte: passato prossimo
Rechte Spalte: imperfetto

3f Filippo, scusa per ieri, ma sai cosa è successo? *Sono uscito/a con il cane per una passeggiata* verso le 17.00. *Faceva molto caldo e nel cielo c'era solo qualche nuvola.* Io e Charlie *siamo andati prima al parco*, poi *abbiamo deciso di continuare la strada lungo il fiume* fino al bosco. A un certo punto *abbiamo sentito / si è sentito un tuono improvviso e fortissimo.* E tu conosci Charlie... come sempre *è corso subito nel bosco,* perché lì si sente più sicuro! *L'ho trovato appena due ore dopo.* Che stress! ☹️

G Io mi informo così

G1 Visite guidate

1a
1. Per gli amanti dei libri: B, D
2. Per bambini e ragazzi: A, E
3. Per chi ama la fotografia: D, F
4. Per chi si interessa di pittura: F
5. Per chi vuole imparare una lingua straniera: C

1b 1. falso; 2. vero; 3. falso; 4. falso; 5. vero; 6. falso

1c **Per chi è interessante il museo?** Per chi desidera / Per le persone che desiderano conoscere la storia e le tradizioni di cibi e bevande. / Per le persone che si interessano al turismo enogastronomico.

Per quante persone è la visita? Per gruppi di massimo 10 persone.

Che cosa c'è alla mostra? Oggetti (caffettiere, tazze, tazzine, macchine) raccolti a partire dal '700.

Che cosa imparano i visitatori? (I visitatori) imparano a riconoscere i diversi tipi di caffè e a preparare un espresso perfetto.

Che cosa possono comprare i visitatori nel negozio del museo? Possono acquistare / comprare caffè e oggetti come piatti e tazzine.

1d
1. ci ha guidato attraverso il museo. Gentilissima e molto preparata, ci ha
2. si sono divertiti molto: adesso sanno preparare un caffè perfetto! 🙂 Ma devo dire che
3. una mattina divertente e molto interessante. E il caffè alla caffetteria
4. e piccoli; noi ci torneremo di nuovo!

1e **Mögliche Lösung**
Ho visitato il museo con la mia famiglia sabato 1° ottobre. La mostra era molto bella e interessante. Il negozio del museo è un po' caro, ma i prodotti sono veramente ottimi / molto buoni / buonissimi. Abbiamo avuto un unico problema: era sabato e c'era troppa gente. Consiglio di visitare il museo il / di venerdì, così anche la guida (paziente e brava, ma (da) sola con troppi turisti) avrà più tempo per voi e per le vostre domande.

G2 Ho letto con interesse...

2a Titel B ist richtig.

2b Internet e social media, giornali e quotidiani online, telegiornali, giornali radio, cellulare, quotidiani e periodici cartacei

2c

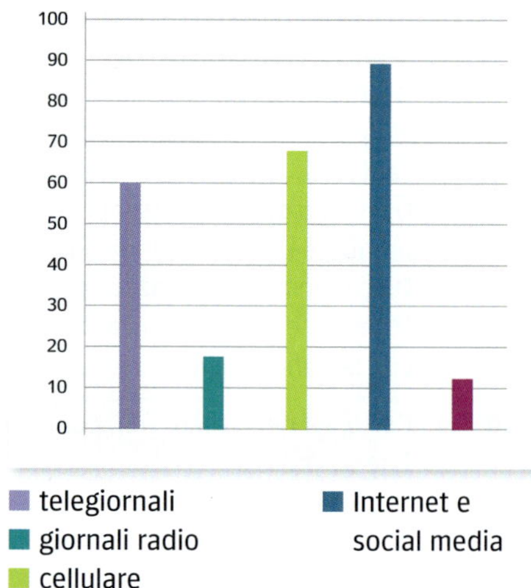

telegiornali
giornali radio
cellulare
Internet e social media

2d
1. Ha 58 anni e si informa soprattutto attraverso i giornali, cartacei e online.
2. Figli e nipoti si informano solo sui social media, non guardano i telegiornali e non leggono i giornali.
3. I social media sono veloci, pratici e aggiornati. Le loro informazioni sono spesso superficiali e qualche volta false e i giovani non sempre lo sanno.
4. La scuola dovrebbe insegnare ai giovani a pensare e a capire.

2e **Die eigene Meinung ausdrücken:** secondo me; per me

Einen Einwand vorbringen: è vero che..., ma...

Einen Gegensatz einführen: invece

2f **Mögliche Lösung**
Leggo soprattutto (i) giornali / quotidiani online perché sono pratici, veloci e economici. I giornali online soprattutto sono sempre aggiornati. / Soprattutto i giornali online sono sempre aggiornati. È vero che qualche volta le notizie sono false o superficiali. Ma secondo me il lettore dovrebbe confrontare le informazioni che ha ricevuto con le notizie di altri giornali. Invece molti / Molti invece non ne leggono altri: secondo me / per me è questo il vero problema!

G3 Come Internet ha cambiato la nostra vita

3a
1. Gianluca
2. Mauro
3. Maria
4. Elena

3b **Mögliche Lösung**
Quando ero ragazzo Internet non esisteva / non esisteva Internet: la nostra vita era diversa. Oggi faccio tutto online: lavoro, compro, controllo le previsioni del tempo, prenoto i biglietti del teatro... è tutto molto più veloce e pratico.

G4 Ho trovato un'offerta interessante

4a
1. Ieri, con nonna Rita stavo guardando un libro che ho trovato a casa sua sui musei e l'arte della nostra città.
2. Alcune informazioni erano veramente interessanti, non le conoscevo neanch'io... e sono guida turistica!
3. Poi ho cercato altre informazioni in Internet e ho avuto un'idea magnifica per il suo compleanno...
4. Ho deciso di regalare alla nonna un buono-regalo per una visita guidata a due musei di Venezia che lei non ha ancora visto.
5. Ci andremo insieme in treno e passeremo una giornata bellissima!

4b Nicht korrekt sind die Sätze 1, 2 und 4.

4c **Mögliche Lösung**
Caro Ivo,
come stai? Ti scrivo perché ho trovato online un'offerta interessante: è possibile regalare un buono per una visita guidata a una città o a un museo. Secondo me sarebbe un'idea molto buona / ottima per il compleanno di Irmi! Lei non è mai stata a / non ha mai visitato / non ha mai visto Napoli e questa sarebbe un'occasione per conoscere la città.
C'è un modulo online: per prima cosa lo dovremmo riempire e inviare; poi sono necessari altri passi, trovi tutte le istruzioni / ci sono tutte le istruzioni al link unregaloalmuseo.it. Sei d'accordo? Aspetto la tua risposta...
Cari saluti,
...

H Italiani in cucina

H1 Quanto tempo dedichi alla cucina?

1a

1 – b	2 – a	3 – f
4 – g	5 – d	6 – c
7 – e		

1b **Zettel A:**
1 etto di salame
2 arance, 2 carote
300 g di carne macinata mista
2 spiedini
formaggio alle erbe
Gastronomia → 1 porzione di pasticcio di melanzane, 2 polpette

Zettel B:
2 cetrioli + verdura per il pranzo di domenica
frutta secca (1 busta)
1 scatola di fagioli
2 fette di pollo
rosmarino e alloro
1 chilo di pere

L

1c
1. Quanto tempo dedichi alla cucina? – Veramente in cucina ci resto pochissimo...
2. Mangi piatti freschi o fast food? – Consumo abbastanza spesso piatti pronti o fast food perché non so cucinare.
3. Sei vegano o vegetariano? – No, a me piace molto la carne! 🙂 E adoro formaggi e uova.
4. Quante porzioni di frutta e verdura mangi al giorno? – Cerco di mangiare la mattina un frutto e poi la sera un po' di verdura.
5. Quante volte alla settimana consumi pesce? – Lo mangio raramente, però mangio spesso frutti di mare.
6. Quante volte alla settimana consumi carne e salumi? – Mangio molta carne (quasi ogni giorno), soprattutto manzo e vitello.
7. Quanta acqua bevi circa al giorno? – Non lo so: quattro bicchieri? Un litro?
8. Quanto spesso mangi legumi? – Mai, perché non mi piacciono!
9. Se lavori fuori casa: che cosa mangi nella pausa pranzo? – Purtroppo non ho molto tempo per il pranzo, di solito alla mensa prendo una pasta e poi una fetta di carne.

1d Il biglietto A è di Stefano. Sulla lista c'è molta carne (*salame, carne macinata, spiedini, polpette*), c'è formaggio, poca verdura e ci sono due piatti pronti (*pasticcio di melanzane* und *polpette*). Sul biglietto B ci sono i *fagioli*, che a Stefano non piacciono, e molta verdura.

1e
1. Secondo il medico forse Stefano non sa cucinare (o sa cucinare, ma non ha tempo).
2. Gli consiglia di cercare in Internet alcune ricette semplici e veloci. Gli consiglia anche di provare a cucinare con prodotti freschi e se possibile locali, perché hanno più vitamine e sono più economici.
3. Secondo lui è una cucina semplice, ma preparata con prodotti ottimi.
4. Dovrebbe pianificare la spesa e le ricette che vuole preparare durante la settimana.

1f **Um eine Fähigkeit anzugeben:**
(Lei) sa / non sa (cucinare)

Um einen Ratschlag zu geben:
Le consiglio di...

1g **Mögliche Lösung**
Secondo me all'inizio è utile cucinare con una persona esperta. Anche se sa già cucinare un po' / un poco, imparerà qualcosa! Naturalmente potrebbe anche frequentare un corso (di cucina).
Le consiglio anche di cercare un gruppo di appassionati di cucina: potrà / potrete discutere, cucinare e forse anche mangiare insieme. Vedrà: con un po' di esercizio diventerà un cuoco bravissimo!

H2 Ci potresti dare la ricetta?

2a
- ● Ciao Stefano, sono in città. Compro ancora degli hamburger e vengo a casa, così ceniamo tutti insieme. C'è anche Diana?
- ■ No, oggi ritorna tardi. Però Alex, non comprare l'hamburger per me. Io non mangio carne.
- ● Ma da quando?!
- ■ Da oggi. Un medico mi ha consigliato di non mangiare troppa carne. E mi ha detto anche che devo mangiare cibi freschi e verdura. Compra verdura!
- ● Adesso non vado al supermercato! Dai, per una volta... Farai la dieta vegetariana da domani. Li compro, ok?
- ■ Se compri un hamburger per me, lo do al cane!!
- ● Sai cosa? Fa' come vuoi!
- ■ Eh, ti arrabbi subito!!

2b 1. rosolare, 2. frullare, 3. bollire, 4. mescolare, 5. grattugiare, 6. tritare

2c Pomodori gratinati al *forno*
Una ricetta estiva, facile e veloce, perfetta con i piatti a base di carne o di *pesce*. *Accendete* il forno a 180°. Prendete cinque pomodori, *tagliateli* a metà e vuotateli. Mettete i pomodori in una pirofila. Tagliate a fette lo spicchio d'*aglio*, tritate il *prezzemolo* e metteteli in una terrina. Aggiungete il formaggio pecorino e il pane *grattugiati*, l'olio di oliva, il sale: *mescolate* tutto e riempite i pomodori. *Mettete* i pomodori in forno e *cucinateli* per circa 20 minuti.

Ingredienti:
5 pomodori, 1 spicchio d'aglio, prezzemolo, formaggio pecorino grattugiato, pane grattugiato, olio di oliva, sale.

2d **Mögliche Lösung**
Cara Alessandra, caro Stefano,
la salsa è molto semplice! Per gli ingredienti dovete avere: 3 cucchiai di burro, 2 cipolle, 1 piccola patata bollita / una patata piccola bollita, 5 cucchiai di prezzemolo, circa ¼ di litro di brodo caldo, sale e pepe bianco.
Lavate il prezzemolo e sbucciate le cipolle. Tritate il prezzemolo, le cipolle e la patata. Mettete in una pentola il burro e rosolate le cipolle. Aggiungete il brodo, il prezzemolo, il sale, il pepe e la patata e mescolate bene tutto. Cucinate la salsa (per) circa 10 minuti e alla fine frullatela. È pronta!
Tanti saluti,
Sabine

H3 La vera cucina italiana

3a Der Titel *La cucina italiana? Semplice ed economica* passt nicht.

3b 1. falso; 2. vero; 3. vero; 4. vero; 5. falso

3c
a. Davide
b. Paolo
c. Grazia
d. Eva

3d **Etwas besser erklären:**
Voglio dire, ...

Nach Erklärungen fragen:
Ma scusa, cosa vuoi dire?

Ungeduld ausdrücken und dazu auffordern, eine Diskussion zu beenden:
Dai, finiamo questa discussione!

3e Secondo me l'autore dell'articolo ha ragione! La vera cucina italiana non esiste. Voglio dire: esistono tantissime ricette regionali in cui si usano ingredienti e prodotti tipici anche di altri paesi del Mediterraneo. Secondo me dovremmo parlare di cucina toscana, cucina romana ecc. È sempre un po' così: chiedete a dieci tedeschi, francesi o inglesi che cos'è la cucina tedesca, francese o inglese e avrete dieci risposte diverse! Perché non discutiamo di buona e cattiva cucina? Saremmo subito d'accordo! 🙂

I Al lavoro!

I1 Sto cercando lavoro

1a 1. idraulico, 2. elettricista, 3. giardiniere

1b **Posto di lavoro:**
1. Perugia, 2. Milano Fiera, 3. Santa Margherita Ligure

Requisiti
1. responsabile e flessibile; esperienza di lavoro di almeno un anno; patente B
2. pratico e esperto, solo persone referenziate
3. referenziato/a

1c
1. Diana
2. Marina
3. Alex
4. Sergio

1d *Die Antwort richtet sich an Alex.*

Ti consiglierei di fare un po' di pratica. Devi avere molta pazienza!

Dovresti anche cercare di contattare le persone che si occupano di trovare il personale.
Manda un curriculum completo e corretto!

1e **Mögliche Lösung**
Ciao, ho letto la tua domanda e ti vorrei dare ancora qualche consiglio / un paio di consigli / alcuni consigli. Per prima cosa ti consiglierei / consiglio di andare alla ditta e di consegnare personalmente il curriculum, così ti puoi anche presentare brevemente. (Per prima cosa potresti andare alla ditta e consegnare...)
Se non ti rispondono / Se non hai nessuna risposta, potresti telefonare e chiedere personalmente / telefona e chiedi personalmente.
Poi dovresti parlare con conoscenti e amici e dire che cerchi lavoro: qualche volta si hanno / ci sono delle sorprese.
Prima o poi troverai sicuramente un lavoro. Ti auguro buona fortuna! 🙂

I2 Sono una persona precisa e calma

2a **Scuola:**
istituto tecnico, stage, materie, istruzione, liceo, diplomarsi, istituto professionale

Università:
stage, facoltà, materie, istruzione, laurearsi

Lavoro:
curriculum, stage, annuncio di lavoro, pensione, esperienza di lavoro, paga

2b L'amica le consiglia di descrivere nel curriculum anche i suoi passatempi e di parlare dei tre stage che ha fatto da studentessa.

2c Nel curriculum non devono mancare la *formazione* e le *esperienze*, i miei *hobby* e le *caratteristiche personali*, poi *gli stage / i tre stage* fatti e il *soggiorno* a Londra. Non devo *essere troppo timida* se mi chiamano.

2d **Data di nascita:** 21.03.1997

Istruzione
2017–2019: Laurea in Scienze infermieristiche presso l'Università degli Studi di Padova
2016: Diploma presso il Liceo Scientifico Galilei di Verona

Esperienza di lavoro
Infermiera presso l'Ospedale San Vincenzo (Verona) / Reparto: Cardiologia

Lingue
Italiano: madrelingua; inglese: C1, scritto: B2; francese: A2

Conoscenze informatiche
Buone conoscenze dei programmi Microsoft® Word, Excel e PowerPoint

Altre informazioni
Ho la patente B.
Sono una persona precisa e calma anche nelle situazioni critiche; so lavorare molto bene in team.

2e **Mögliche Lösung**
Ho frequentato il Liceo Scientifico Galilei a Verona e poi mi sono laureata in Scienze infermieristiche presso l' / all'Università di Padova. Ho fatto le (mie) prime esperienze durante lo studio: ho passato due mesi a Londra, dove ho fatto uno stage in una clinica privata e dove ho potuto migliorare l'inglese, che parlo molto bene. (... a Londra ho fatto uno stage di due mesi in una clinica privata e lì ho potuto ...) Poi ho fatto altri due stage di tre mesi all'Ospedale San Vincenzo a Verona. (All'Ospedale San Vincenzo a Verona ho fatto...) Mi sono laureata e ho trovato subito lavoro / Dopo la laurea ho trovato subito lavoro come infermiera presso lo stesso / nello stesso ospedale, dove ho sostituito una collega malata fino ad agosto.
Penso / Credo di essere la candidata perfetta / Secondo me sarei / potrei essere la candidata perfetta per questo lavoro perché imparo molto velocemente, so

lavorare bene in team e resto calma e precisa anche nelle situazioni critiche.

13 Volevo guadagnare qualcosa...

3a 1. – d. 2. – f. 3. – a. 4. – e. 5. – b. 6. – c.

3b Da ragazzo si diverte con piccole riparazioni e *lavori manuali*. Frequenta *l'università* e allo stesso tempo fa una *formazione* come elettricista. Nel tempo libero *recita* con un gruppo di studenti della sua facoltà. Nel 2014 finisce l'università e *si laurea*. Inizia però a *lavorare* come *elettricista* al Teatro Comunale nel 2015. Lavora per tre anni, *fino al* 2018, poi a un certo punto ha la possibilità di *sostituire* un attore malato in uno spettacolo. Da quel momento non si ferma più.

3c
- No, non lei, suo figlio (Oliviero) andava volentieri al museo, anche se era ancora un bambino.
- Ci voleva andare, ma ha dovuto cercare subito un lavoro perché è diventato papà.
- Non lo vedevano mai perché (il loro padre) dopo le lezioni correva al ristorante a lavorare e perciò tornava tardissimo a casa.
- L'autore non sa esattamente quando, ma pochi mesi dopo la laurea suo padre ha cominciato a insegnare al liceo.

3d **Mögliche Lösung**
Mia nonna Marie era di Francoforte, ma è sempre vissuta a Monaco. Era una donna estroversa con un grande amore per la natura. Insegnava tedesco e geografia in un istituto tecnico, ma ha smesso di lavorare quando sono nati i bambini. Allora erano altri tempi! Faceva anche volontariato per un'organizzazione che si occupava di / dell'ambiente. Da lei ho imparato molto sulla natura, i boschi e gli animali!

Quellenverzeichnis

Cover, Rücktitel: © Getty Images/E+/knape

Fotos Innenteil:

S. 7: © Getty Images/E+/franckreporter
S. 8: Kopf mit Sprachen © Thinkstock/iStock/rodnikovay, Avatar © Thinkstock/iStock/simo988
S. 10: A bis D © irisblende.de, © Getty Images/iStock/sturti, © Getty Images/iStock/SolStock, © Getty Images/iStock/Paolo Trovo
S. 12: A bis C © Getty Images/iStock/sarra22, © Getty Images/iStock/ArtMassa, © Gett–y Images/iStock/Fulcanelli_AOS
S. 14: © Getty Images/iStock/Y.Gurevich
S. 15: © Thinkstock/iStock/Dimitri Zimmer
S. 16: 1 bis 4 © Getty Images Plus/iStock/ermess, © Getty Images/iStock/kabVisio, © Hoda Bogdan – stock.adobe.co, © Getty Images/iStock/eddygaleotti
S. 17: © Getty Images/iStock/hxdbzxy
S. 18: © Getty Images/iStock/gpointstudio
S. 19: © Getty Images/E+/filadendron
S. 20: © Getty Images/iStockmawielobob
S. 21: oben © Getty Images/E+/gilaxia, unten © Getty Images/iStock/bonetta
S. 22: © Getty Images/iStock/kpalimski
S. 23: 1 bis 3 © fotolia/krasyuk, © Thinkstock/iStock/Pogotskiy, © Thinkstock/iStock/Egidijus Skiparis
S. 24: © Getty Images/iStock/KatarzynaBialasiewicz
S. 26: von oben © milla74/123rf.com, © Mi.Ti. – stock.adobe.com, © Getty Images/iStock/Nicola Forenza
S. 27: © ATF – stock.adobe.com
S. 28: Smartphone © mahod84 – stock.adobe.com, Foto © Getty Images/iStock/Luca Bertolotti
S. 29: Wetterpiktos © Thinkstock/Hemera/Kristina Afanasyeva, Smartphone © mahod84 – stock.adobe.com, Foto © Getty Images/iStock/Leevke Struck
S. 30: © Getty Images/iStock/MarioGuti
S. 32: Florenz © Getty Images/iStock/RossHelen, Avatar © Thinkstock/iStock/simo988
S. 33: Avatar © Thinkstock/iStock/simo988, Fotos von 1 bis 4 © Getty Images/Corbis/Fuse, © Getty Images/iStock/monkeybusinessimages, © Getty Images/iStock/NelliSyr, © Getty Images/iStock/borevina
S. 34: © Getty Images/iStock/StevanZZ
S. 35: Himbeere © fotolia/homydesign, Foto © Getty Images/iStock/romrodinka
S. 36: © iStock/GlobalStock
S. 37: Mann © iStock/Tempura, Avatar © Thinkstock/iStock/simo988
S. 38: 1 bis 4 © fotolia/Igor Mojzes, © Thinkstock/iStock/claudiobaba, © Getty Images/iStock/Manuel-F-O, © Getty Images/E+/shapecharge, Mann © iStock/Juanmonino
S. 40: links © Getty Images/iStock/seb_ra, rechts © Getty Images/iStock/Manuel-F-O
S. 41: © Getty Images/iStock/fizkes
S. 43: © Dean Drobot/123rf.com
S. 47: oben © Getty Images/iStock/Francesca25, unten © Shutterstock.com/Martin M303
S. 48: oben © Getty Images/iStock/bdsklo, unten © Getty Images/iStock/pashamba
S. 51: © Getty Images/iStock/Shaiith
S. 52: 1 bis 7 © Getty Images/iStock/Anthony Paz – Photographer, © Getty Images/iStock/Firmafotografen, © styleuneed – stock.adobe.com, © Thinkstock/iStock/de santis paolo, © Getty Images/iStock/urfinguss, © Getty Images/iStock/eugenesergeev, © Getty Images/iStock/Grigorev_Vladimir
S. 54: Pikto Zug © Getty Images/iStock/Ecelop, Foto © Getty Images/iStock/LeoPatrizi
S. 55: 1 bis 5 © Getty Images/iStock/damedeeso, © Getty Images/iStock/MarioGuti, © Getty Images/iStock/franz12, © Getty Images/iStock/kokouu, © Getty Images/iStock/Merlas
S. 57: © Getty Images/iStock Unreleased/LuigiConsiglio
S. 59: Piktos A bis D © stockphoto-graf – stock.adobe.com, E © Thinkstock/iStock/jojoo64
S. 61: 1 bis 6 © Getty Images/iStock/ZavgSG, © Getty Images/iStock/Darwel, © Getty Images/iStock/AlenaPaulus, © Getty Images/E+/Oleksandr Filon, © Thinkstock/iStock/Gandolfo Cannatella, © Jacek Chabraszewski – stock.adobe.com
S. 63: oben © Getty Images/iStock/Bobex-73, unten © Getty Images/iStock/EzumeImages
S. 64: 1 bis 5 © Getty Images/E+/NoSystem images, © Getty Images/iStock/hallojulie, © Getty Images/iStock/doble-d, © Hueber Verlag/Archiv, © Getty Images/iStock/deimagine
S. 65: © Getty Images/iStock/Lubo Ivanko
S. 67: © Getty Images/iStock/Yulia Lisitsa
S. 68: © Getty Images/iStock/Radist
S. 69: Avatar © Thinkstock/iStock/simo988
S. 70: © Getty Images/E+/franckreporter
S. 72: © iStock/tetmc
S. 73: redazione web © Thinkstock/Hemera, Avatar © Thinkstock/iStock/simo988
S. 74: © fotolia/JiSign
S. 75: © Thinkstock/iStock/Flory
S. 77: © Getty Images/iStock/villagemoon
S. 78: © Getty Images/Daniel Grill
S. 79: © Getty Images/iStock/DragonImages
S. 80: 1 bis 3 © Getty Images/iStock/sal61, © Getty Images/iStock/KatarzynaBialasiewicz, © Getty Images/iStock/dashtik
S. 81: 4 bis 6 © Getty Images/iStock/Neustockimages, © akeeris – stock.adobe.com, © Thinkstock/iStock/manu10319, unten © Getty Images/iStock/fpwing
S. 83: © Getty Images/iStock/master1305
S. 84: links © Thinkstock/iStock/m-imagephotography, rechts © Getty Images/iStock/master1305, Avatar © Thinkstock/iStock/simo988
S. 85: Avatar © Thinkstock/iStock/simo988
S. 86: 1 bis 3 © Getty Images/E+/GregorBister, © Getty Images/E+/aydinmutlu, © Thinkstock/iStock/fcscafeine
S. 87: Avatar © Thinkstock/iStock/simo988
S. 89: © Thinkstock/iStock/Jacob Wackerhausen
S. 90: © fotolia/travis manley
S. 93: © Getty Images/iStock/Ridofranz
S. 94: © Getty Images/iStock/Freeartist
S. 95: © Getty Images/E+/dszc
S. 97: © Getty Images/iStock/hxdbzxy

Bildredaktion:
Cornelia Hellenschmidt, Hueber Verlag, München